Couverture inférieure manquante

Début d'une série de documents
en couleur

`THÈQUE POPULAIRE
ous le patronage du Parti Ouvrier 3

LETTRES
Démocratiques

par

Adelson CASTIAU

AVEC

une biographie

DE L'AUTEUR

25 Centimes

LE VOLUME

BRUXELLES
Rue du Persil
11

30 centimes franco de port à l'étranger.

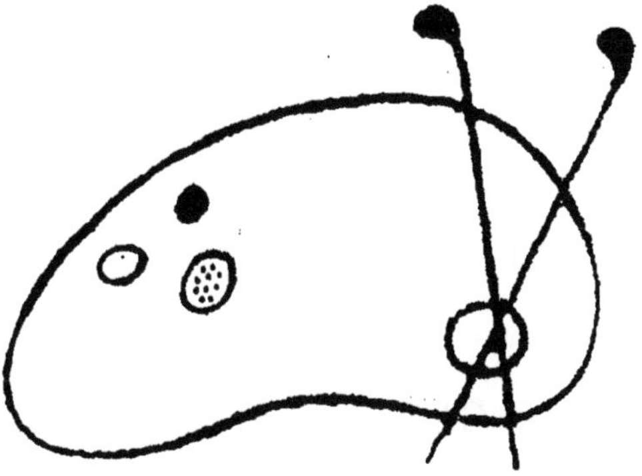

Fin d'une série de documents
en couleur

BIBLIOTHÈQUE POPULAIRE
à 25 centimes le volume

LETTRES DÉMOCRATIQUES

PAR

ADELSON CASTIAU

Tous les pouvoirs émanent de la nation.
Les Belges sont égaux devant la loi.
(Constitution, art. 6 et 25.

BRUXELLES
11, RUE DU PERSIL, 11

1886

ADELSON CASTIAU

De tous les députés, sénateurs, ministres, qui, depuis cinquante ans, ont joué un rôle dans notre piètre politique belge, combien y en a-t-il dont on parle encore après leur mort ?

Bien peu, n'est-ce pas ?

Le dernier qui, cependant, a joué un grand rôle dans notre vie parlementaire, M. Jules Malou, est mort depuis trois mois à peine, et on n'en parle déjà plus !

Il en a été ainsi des Verhaegen, des Lebeau, des de Theux, des Dumortier. Il en sera de même des Frère, des Bara, des Beernaert, des Woeste, des Jacobs, etc.

En saurait-il être autrement?

Tous ces politiciens n'ont marqué leur passage aux affaires par aucune œuvre sérieuse, par aucune réforme digne de la reconnaissance publique. Ils ont continué la vieille balançoire clérico-libérale ; ils ont fait leurs affaires et celle de la grosse bourgeoisie ; leur cœur et leur cerveau n'ont jamais fonctionné au profit de la grande masse.

Heureusement, à côté de ces bonshommes, il s'en est trouvé quelques-uns — bien rares, hélas ! — qui, par leurs actes et leurs discours, ont montré qu'ils avaient du cœur, et que ce cœur savait battre en faveur des malheureux et des sacrifiés.

Les noms de ces hommes qui, à la Chambre, ont lutté pour la cause du peuple, — pour la bonne cause, — seront vénérés par la masse et continueront, pendant longtemps encore, à faire la honte des autres !

Adelson Castiau, qui cependant n'a été député que pendant sept ans, — et il y a déjà longtemps, — Castiau est de ces hommes dont le nom restera vénéré et populaire.

En rééditant aujourd'hui sa brochure : *Lettres démocratiques*, qui fit tant de bruit il y a vingt-deux ans, nous croyons utile de faire connaitre à la génération actuelle, en peu de mots, ce que fut cet homme de bien.

M. Discailles, actuellement professeur à l'Université de Gand, fit une conférence, en 1878, sur la vie parlementaire d'Adelson Castiau. C'est dans cette brochure, dans les *Annales Parlementaires* et dans les journaux du temps que nous avons recherché les éléments pour écrire cette petite notice.

Adelson Castiau, dit M. Discailles au début de sa conférence (1) Castiau est resté pur et grand pour tous les partis et a été, dans sa retraite, suivi des regrets et des sympathies du pays tout entier.

Puis il cite l'opinion de M. Ernest Vanden Peereboom qui, dans son *Histoire du gouvernement représentatif en Belgique*, dit de Castiau : « Des hommes de cette élévation d'esprit et de cette pureté de caractère, sont rares partout et dans tous les temps ! »

* * *

Adelson Castiau est né à Péruwelz, le 10 juin 1804. Il fit de brillantes études humanitaires au

---

(1) Celle-ci a été publiée en brochure en 1878. *Tournai, Delmée, éditeur.*

collége d'Ath. Il étudia le droit à l'Université de Gand et reçut son diplôme d'avocat à l'âge de 21 ans.

La même année, Castiau se rendit à Paris où il passa les dix plus belles années de sa vie.

Après la révolution de 1830, Castiau fut élu membre suppléant au Congrès national : il avait à peine vingt-sept ans !

Malheureusement, il ne siègea pas, et c'est bien dommage ! Qui sait si, par sa mâle éloquence, il n'aurait pas fait admettre quelques-uns des principes démocratiques pour lesquels tant d'hommes du peuple se sont fait tuer sur les baricades de septembre ?

Castiau resta en Belgique et fut nommé, en 1836, conseiller provincial du Hainaut. Il y resta pendant 8 ans et il prit part à toutes les grandes discussions. Mais ce n'était pas seulement un beau parleur, c'était aussi un excellent administrateur. Pendant six années consécutives Castiau fut chargé de rédiger le rapport annuel de la Députation permanente sur la situation de la province.

En vue des élections législatives de 1843, des électeurs de Tournai, Ath et Soignies firent des démarches auprès de Castiau pour l'engager à accepter une candidature à la Chambre.

Avant de répondre affirmativement, Castiau fit sa profession de foi dans une brochure qui avait pour titre : *Qu'est-ce que le libéralisme.*

Après avoir passé en revue les malédictions de la papauté contre tout ce qui fait l'orgueil de la civilisation : la liberté de conscience, d'opinion, d'association, de la presse et la séparation de l'église et de l'État; le parti catholique, excité par la soif des réactions, se mettant à menacer la loi électorale, l'auteur démontre que les libéraux n'ont rien fait au pouvoir : « Que de se renfermer dans la politique des luttes de personnes, des querelles de mots, des questions de portefeuille et d'en être encore à cet éternel programme des ambitions vulgaires : Ote-toi de là, que je m'y mette? »

« Le libéralisme, pour lui, c'est la personnifi-
« cation de toutes les grandes pensées, de tous
« les sentiments généreux, de toutes les idées de
« progrès, des conquêtes du passé et des espé-
« rances de l'avenir.... »

« Comment donc cette cause si grande, si
« belle, excite-t-elle encore tant de prévention
« et de répugnance?....

« La faute en est aux hommes qui ont exploité
« cette noble cause, qui l'ont prostituée à des
« calculs d'égoïsme, et qui l'ont souillée de leurs

« passions, de leurs faiblesses et de leurs mi-
« sères. »

Comme conclusion, Adelson Castiau dit ceci :

« Dans les principaux pays constitutionnels, le libéralisme, il faut le reconnaître avec douleur, a abdiqué son influence et sa mission. On pourrait croire qu'il a voulu se suicider, si la liberté pouvait périr ; car, partout, en ce moment, les principes sont confondus et les rôles bouleversés.....

« Quand partout le libéralisme semble se discréditer, oublier ses promesses et trahir la confiance des peuples il dépend du libéralisme belge de réhabiliter une cause compromise, de la venger des accusations qui la poursuivent et de lui rendre sa première influence et son ancienne splendeur....

« Est-il une destinée plus belle, une mission plus glorieuse ?

« Cette mission, le libéralisme belge la comprendra-t-il ? l'acceptera-t-il ? l'accomplira-t-il ?

« Qu'il le sache bien : là est son avenir, son existence.

« L'alternative est posée : il s'agit *d'être* ou de *n'être* pas ; de périr honteusement dans l'impuissance ou de présider noblement aux destinées de la Belgique et peut-être du monde ! »

Concernant la forme de gouvernement, Castiau se déclara ouvertement républicain.

Il fut néanmoins candidat, en juin 1843, pour Ath et Tournai. Dans ce dernier arrondissement par 737 voix, il fut nommé membre de la Chambre. A Ath, il ne lui manqua que quelques suffrages pour obtenir la majorité.

Son début à la Chambre fit sensation. Arrivé de la veille, il prit la parole dans la discussion de l'adresse. Il le fit avec une grande élévation de pensée et répliqua vertement au ministre qui trouvait très osé cet « arrivé d'hier! »

Trois jours après, 22 novembre, Castiau prononça un nouveau discours. Il s'agissait d'une pétition d'ouvriers flamands qui demandaient du travail pour vivre, le dégrèvement des impôts de consommation et l'admission des ouvriers à l'exercice des droits politiques.

M. Gracia de la Vega — qui donc aujourd'hui se souvient de cet apôtre là? — proposa alors un ordre du jour blessant pour les ouvriers.

Castiau se leva aussitôt et dit : « Les ouvriers ne tendent pas la main.

« Ils vous demandent les moyens de pourvoir à leur existence, et ces moyens ce ne sont pas ceux que l'on doit à l'oisiveté et à l'aumône; ce sont les moyens que l'on doit avant tout à un travail honorable et libre..... Les impôts de consommation pèsent lourdement sur la classe ouvrière.... En faisant droit à leurs réclamations les plus justes, en les couvrant d'un véritable patronage, on parviendrait peut-être à rendre en ce moment sans objet la troisième partie de leur demande, leur admission à l'exercice des droits politiques. »

Il serait trop long de parler en détail de tous les discours que prononça Castiau à la Chambre. Toutes les questions lui étaient famillières pourvu qu'il s'agissait de la justice et du bien du pays.

En 1845, alors qu'une misère horrible régnait dans les Flandres, Adelson Castiau demanda au gouvernement de faire une enquête sur le paupérisme.

Dans les discussions des budgets de la justice, Castiau réclama à diverses reprises la revision du code civil. Il s'occupa aussi de la bienfaisance publique, des livrets d'ouvriers, de l'organisation de l'armée, etc., etc.

Lors de la discussion de la loi sur la chasse il fit une sortie virulente.

Il stigmatisa la majorité qui venait de voter la loi sur la chasse, véritable loi de monopole et de privilège pour l'aristocratie.

« Marchez courageusement, dit-il, dans cette voie. Entassez privilèges sur privilèges; oubliez les leçons de l'expérience et les enseignements de l'histoire. Nous n'avons peur, sachez-le bien, ni de vos triomphes, ni de vos réactions! Nous nous confions dans la puissance de la raison publique et des intérêts démocratiques. Nous nous rappelons avec bonheur qu'il a suffi d'une nuit, d'une seule nuit, de la grande, de l'immortelle nuit du 4 août 1789, pour renverser et balayer un immense échafaudage d'abus et de privilèges, bien autrement puissant que les misérables privilèges que l'on veut relever aujourd'hui, puisqu'ils avaient pour eux la consécration des siècles ! »

La loi sur les étrangers trouva en Castiau un adversaire décidé.

A propos de l'aliénation des biens communaux, Castiau prononça un beau discours sur le droit de propriété.

Enfin, la réforme électorale le préoccupa souvent. Il se contentait de demander l'abaissement du cens électoral à son minimum pour les Chambres.

*
* *

Castiau fut réélu député en 1847.

Ces élections renversèrent la majorité cléricale et un ministère libéral prit le pouvoir.

Mais, hélas! la politique suivie ne changea en rien : elle fut également réactionnaire et vide.

Aussi Castiau ne ménagea-t-il point ses amis libéraux. Il leur demanda souvent s'ils croyaient le pays satisfait parce que des libéraux avaient remplacé les cléricaux dans les hôtels ministériels, et si leur politique n'était que la politique de l' « Ote-toi de là que je m'y mette »?

Rien n'y fit!

Le 23 février 1848, la veille du jour où la République et le suffrage universel furent proclamés en France, Castiau prononça un magnifique discours, dans lequel il combattit avec énergie un projet de loi donnant au roi le droit de choisir les bourgmestres en dehors du Conseil communal.

Les événements de France, on le sait, eurent un grand retentissement en Belgique. La réforme préconisée par Castiau d'abaisser le cens électoral au minimum constitutionnel fut votée à l'unanimité quelques jours après le 24 février, alors qu'on avait répliqué la veille, à Castiau, que son projet était impossible et devait conduire le pays aux abîmes!

Le 1er mars, Castiau demanda au gouvernement des explications sur la conduite qu'il comptait avoir vis-à-vis du gouvernement de la République française. L'explication du ministère fut passablement embrouillée.

Le 4 août, le gouvernement demanda à la Chambre le vote d'un crédit de neuf millions pour le budget de la guerre.

C'était au lendemain de Risquons-Tout. Castiau condamna ces tentatives de Risquons-Tout et de Quiévrain; il le fit d'une voix émue et on sentait le découragement le gagner.

En effet, après avoir lutté vaillamment pendant sept années pour ses chères idées démocratiques et cela en vain, il y avait de quoi perdre courage!

Il se déclara républicain et reconnut qu'il n'y avait rien à faire pour lui dans cette Chambre censitaire et bourgeoise. C'est alors qu'il annonça qu'il donnait sa démission de membre de la Chambre. Ce qu'il fit à la fin de la séance.

Tout le monde, ministres et députés, rendirent hommage au caractère de Castiau, et pendant plusieurs jours, la presse toute entière fit un éloge mérité du représentant de Tournai démissionnaire.

Castiau ne quitta pas seulement la Chambre, il quitta également le pays et se rendit à Paris.

Il ne fit plus parler de lui pendant plusieurs années. Enfin, en 1860, il publia une brochure sur l'*abolition des octrois et la réforme électorale*. Il y attaqua vivement M. Frère-Orban et sa politique financière, qu'il déclarait — et avec raison — déplorable et contraire aux intérêts du pays.

En 1862, l'Association libérale de Tournai télégraphia à Castiau pour lui demander s'il acceptait une candidature. Castiau refusa. On dit même qu'il le fit dans des termes déplaisants pour le comité de l'Association libérale qui, paraît-il, avait mis certaine condition à cette acceptation.

Vers 1864, Castiau lança sa fameuse brochure que nos lecteurs liront plus loin. Nous l'avons déjà dit, cette brochure fit sensation.

Trois années plus tard, nouvelle brochure — nouveau pamphlet serait plus vrai. Cet écrit avait pour titre : *Souveraineté nationale et suffrage universel. — L'impôt et l'armée.*

Dans cet écrit, Castiau attaque très vertement les réactionnaires cléricaux et libéraux qui tour à tour ont occupé le pouvoir en Belgique, sans rien faire pour la masse. Il fait l'histoire du Gouvernement provisoire, du Congrès national et des trente-cinq années de gouvernement parlementaire.

C'est on ne peut plus édifiant!

Enfin il s'occupe de la souveraineté du peuple et fait un long plaidoyer en faveur du suffrage universel.

Comme moyen d'arriver au suffrage universel, Castiau reconnaît dans sa dernière brochure que le pétitionnement ne sert à rien, de même que les manifestations.

C'est alors qu'il préconise, de la part des parias du droit de suffrage, le refus de l'impôt et du service militaire.

Voici comment il s'explique à ce sujet :

« Le refus, que feraient les classes privées du droit de voter l'impôt et le service militaire, de s'y soumettre, suffirait pour opérer ce grand miracle (l'obtention du suffrage universel.) Les censitaires, ne l'oublions pas, en effet, ne forment pas la dixième partie de la nation, ne payent pas le dixième de l'impôt, et achètent à prix d'argent l'exemption du service militaire.

» Une fédération, organisée par nos douze cents mille parias politiques, pour refuser l'impôt et le service militaire, aussi longtemps qu'ils ne seraient pas admis à les voter, serait-elle juste, légitime, conforme au texte et à l'esprit des dispositions fondamentales de la Constitution et aux vieilles franchisses de la Belgique démocratique ? »

L'idée de Castiau, en effet, est juste et elle mérite d'être étudiée aujourd'hui par le Parti ouvrier.

Mais la situation a rudement changé depuis 1867 ! Castiau, alors par sa proposition du refus de l'impôt et du service militaire, prêchait ouvertement ce que certains magistrats appellent pompeusement « la désobéissance aux lois. »

Notre ami Alfred Defuisseaux, a été poursuivi et condamné pour moins que celà. Il est vrai de dire que les vérités contenues dans le *Catéchisme du Peuple* ont été répandues à 250,000 exemplaires, tandis que celle de Castiau n'a été tirée qu'à quelques centaines !

Hélas ! ce brave Castiau est mort sans voir ses idées non seulement réalisées mais sans avoir vu ses compatriotes en poursuivre enfin la réalisation.

Combien il eut été heureux, ce digne citoyen, de voir le réveil du Peuple belge et son ardent désir d'être enfin quelque chose dans sa patrie !

Quoi qu'il en soit, le nom d'Adelson Castiau restera gravé dans la mémoire des démocrates belges et nous avons la conviction que le jour est proche où cette mémoire sera honorée comme elle mérite de l'être !

LOUIS BERTRAND.

LETTRES DÉMOCRATIQUES

PAR

A. CASTIAU

I

A mes amis politiques

Seize ans d'absence, et un refus de candidature, réitéré à diverses reprises et inséré dans les journaux, ne m'ont pas empêché d'être jeté, avec mes opinions, au milieu de l'arène électorale; et dans l'arrondissement de Tournay, je puis le dire, c'est surtout sur mes épaules que se sont livrés les combats préparatoires.

Puisqu'on m'a ainsi arraché sans motif, et

quelque peu violemment, au calme et à l'obscurité de la retraite, il me sera permis, sans doute, de n'y rentrer qu'après avoir affirmé une dernière fois, et dans toute leur énergie, mes principes et leurs précédents politiques. Ils auraient pu, en effet, ainsi que mon caractère, recevoir quelques éclaboussures, dans l'ardeur de la mêlée. J'use donc du droit de légitime défense.

Le moment semble favorable pour une manifestation de ce genre. La grande bataille électorale est terminée ; le vainqueur a célébré son triomphe et le vaincu a enterré ses morts. Déjà les escarmouches de la session extraordinaire ont préludé à la bataille parlementaire qui se prépare ; mais c'est dans un mois seulement que nous assisterons, pour la quinzième fois peut-être, au choc bruyant des deux armées et à l'interminable défilé des mêmes harangues.

Aujourd'hui, à l'exception de quelques coups de fusils tirés par les sentinelles avancées, tout se tait, et une sorte de trêve de Dieu retient les partis sous leur tente. Profitons-en donc pour substituer à des querelles irritantes l'examen de froides questions de principes et de réformes, et faire entendre quelques conseils d'impartialité et de patriotisme.

Malheureusement, dans le cours de ce travail,

je ne me verrai que trop souvent obligé d'entrer personnellement en scène et de parler de moi, de ce moi toujours ennuyeux et haïssable, suivant l'expression de la Bruyère, quand on le prodigue.

Le seul moyen de me faire pardonner l'ennui de mes digressions personnelles, c'est de les réserver pour mes amis. C'est donc à eux que je dédie ma première lettre. Écrite avec l'abandon de l'intimité, elle ne peut manquer de rencontrer auprès d'eux l'accueil indulgent de la sympathie et de la confraternité politique.

II

La Constitution

L'histoire parlementaire et politique de la Belgique, depuis 1830, est facile à écrire et peut se résumer en quelques lignes : c'est l'histoire de la lutte, tantôt sourde et ténébreuse, tantôt, au contraire, ouverte et audacieuse, de la *Réaction* contre les principes, les traditions et les aspirations de la Révolution démocratique de 1830.

C'est le peuple — il faut bien que je conserve ce mot pour distinguer les éprouvés des élus politiques, qui seuls sont citoyens — c'est le peuple qui a fait la Révolution, mais ce n'est pas le peuple qui a fait la Constitution.

Elle fut faite par les hommes de pouvoir et les hommes du lendemain, qui apparaissent à la suite des commotions populaires pour les exploiter. Ils ne formaient d'abord qu'une minorité au sein du Congrès; mais cette minorité, qui avait pour elle l'influence du talent et de l'habileté, a fini par dominer la majorité. Pour eux le peuple sera éternellement le peuple, c'est-à dire la *vile multitude*, suivant l'expression célèbre d'un doctrinaire français. Leur but unique est de travailler à éteindre la lave du volcan populaire, devant laquelle tout fuit au jour de l'éruption, et sur laquelle on marche quand elle est refroidie.

Dans la séance d'ouverture du Congrès (10 novembre 1830), M. de Potter avait eu raison de proclamer que le fruit de la victoire du peuple était l'indépendance, *et que le peuple l'avait déclaré par l'organe du Gouvernement provisoire*. Mais où donc, quand et comment ce peuple courageux et libre, qui venait de conquérir notre indépendance, avait-il déclaré qu'abdiquant la sienne, il devait être frappé de dégradation politique, et traité comme un peuple de parias et de serfs?

Ce fut cependant ce qui arriva.

La nation ne fut pas consultée pour conférer ou ratifier le mandat du Congrès, et *le peuple souverain*, qui avait décrété notre indépendance, n'eut pas même la liberté de voter, et fut mis à la porte des collèges électoraux qui se réunirent.

De qui donc les 200 membres du Congrès

tenaient-ils leur mandat? De 30 à 40,000 électeurs, je ne sais; et je réclame, dès l'abord, l'indulgence pour mes chiffres et quelques-unes de mes assertions, car c'est de Paris que j'écris, et je n'ai pas ici les documents nécessaires pour les vérifier.

Et ces 30,000 électeurs qui ont pris part au scrutin, ce qui réduisait la majorité pour tout le pays à 15 ou 16,000 votants, représentaient-ils les assemblées primaires? Etaient-ils au moins les délégués spéciaux de la courageuse phalange des combattants de septembre? étaient-ils les seuls capables, les seuls dignes, les plus dévoués à la cause de la révolution et de l'indépendance?

Non, vingt fois non. Loin d'être les plus dignes et les plus dévoués, c'est dans leurs rangs, hélas! que se cachaient alors les plus grands ennemis de la révolution et de l'indépendance de la Belgique.

Mais ils étaient les plus riches et ils payaient en contributions directes, dans nos grandes villes, une somme de plus de 200 francs. A cette choquante inégalité s'en rattachaient vingt autres : il y avait vingt catégories d'électeurs, et le décret du gouvernement provisoire du 10 octobre 1830 avait le malheur de ressembler quelque peu, sous ce rapport, à l'habit d'arlequin.

Issu du privilège, et du privilège de l'argent, le Congrès ne pouvait que décréter la continuation de cet inique privilège. Aussi permit-il d'élever jusqu'à 100 florins le chiffre du cens électoral, moins généreux, en cela, que la *charte bâclée* des deux cent vingt et un, qui s'arrêtait au chiffre de 200 francs.

Et cependant, quoique viciée, dès l'origine, par le contact du privilège et par l'exclusion de la majorité de la nation, notre Constitution n'en contient pas moins de libérales et fières dispositions, que nous rappelons avec un véritable orgueil :

« Tous les pouvoirs émanent de la Nation.
« (Art. 25.)

« Les Belges sont égaux devant la loi.
« (Art. 6.)

« Le domicile est inviolable. (Art. 10.)

« La liberté des cultes, celle de leur exercice
« public, ainsi que la liberté de manifester ses
« opinions en toutes natures, sont garanties.
« (Art. 14.)

« L'enseignement est libre. Toute mesure
« préventive est interdite. (Art. 17.)

« La presse est libre. Il ne peut être exigé de
« cautionnement : l'auteur seul peut être pour-
« suivi. (Art. 18.)

« Les Belges ont le droit de s'assembler pai-
« siblement et sans armes. (Art. 19.)

« Les Belges ont le droit de s'associer. Ce
« droit ne peut être soumis à aucune mesure
« préventive. (Art. 21.)

« Le secret des lettres est inviolable. (Art 22.) »

Cette déclaration de droits, il faut le reconnaître, vaut presque la fameuse déclaration de 89. Souveraineté nationale, égalité de citoyens, inviolabilité du domicile et de la correspondance, liberté des cultes et de leur exercice public, liberté d'enseignement et liberté de la presse, liberté de réunion et liberté d'association, c'est ce noble faisceau de droits et de libertés qui a fait, depuis 30 ans, la force et l'honneur de la Belgique.

Quant à nos institutions représentatives, qu'on n'a que trop longtemps admirées sur parole, et à force d'entendre répéter par ceux qui les exploitent, qu'elles font la prospérité et la gloire de la Belgique, disons-le franchement : basées sur la fiction et le mensonge, et viciées par la corruption, la fraude et la venalité, elles finiront, si l'on ne se hâte de les modifier, par en faire le malheur et la honte.

Après avoir déclaré que tous les pouvoirs émanent de la Nation, le Congrès ne conserva pas même à la Nation le pouvoir de nommer un conseiller communal.

Il avait proclamé l'égalité des Belges devant la loi, et il mit la Nation entière hors la loi, en attribuant la souveraineté politique à une oligarchie de 40,000 censitaires.

Toutes nos institutions représentatives enfin, toutes sans exception, furent imprégnées de privilége, et du plus détestable des priviléges. Toutes les élections pour le Sénat, la Chambre, les conseils provinciaux et communaux, eurent pour base unique, le cens. Menteuse et immorale fiction qui tendrait à faire croire que l'argent est tout aujourd'hui, et que le travail, l'intelligence, la capacité, le dévouement, le patriotisme et les droits de l'homme et du citoyen ne sont rien!

Le Gouvernement provisoire avait eu, du moins, la pudeur de faire une exception en faveur de ce qu'on appelait alors les *capacités*. L'exception fut reproduite au sein du Congrès? Par qui? Par l'un de ces terribles abbés qui nous donnent aujourd'hui le cauchemar, l'abbé de Foere. Et quels sont ceux qui la firent rejeter? Précisément les libéraux ou plutôt les doctrinaires de l'assemblée. Ils pensaient sans doute avec Royer Collard, le patriarche de la Doctrine, qu'il n'est pas d'homme plus dangereux qu'un prolétaire éloquent.

Et pendant que le Congrès, toujours sous l'influence des doctrinaires, violait la loi du contrat social et dépouillait le peuple belge de ses droits naturels et imprescriptibles, il se montrait à l'égard de la royauté d'une générosité sans égale.

Quoique absente encore, la royauté n'en avait pas moins au sein de l'assemblée d'éloquents défenseurs et même d'ardents courtisans. Tous, ils interrogeaient avec sollicitude les quatre points cardinaux pour découvrir la mystérieuse étoile, et être les premiers à aller déposer sur le berceau de la royauté l'or, la myrrhe et surtout l'encens.

III

Les prérogatives royales. — La réaction.

Rappelons donc les nombreuses et exorbitantes prérogatives dont on fit l'hommage anticipé à notre future royauté.

Nous ne parlerons pas du droit de grâce, dont on a fait avec raison le plus bel attribut de la royauté, ni du droit de conférer la noblesse et les ordres de chevalerie : ce sont là de vieux hochets de vanité qu'il faut bien laisser aux vieux enfants, quelque dangereux et démoralisants qu'ils soient.

Mais à côté de ces futilités, se trouve l'immense influence du pouvoir exécutif qui, en réalité, est la mise en action de la souveraineté nationale tout entière (Art. 29).

Le roi fait donc les règlements et arrêtés nécessaires pour l'exécution des lois (art. 67); et, l'exemple de tous les gouvernements ne le prouve que trop, s'il est facile de faire des règlements pour l'exécution des lois, il est plus facile encore d'en faire pour leur violation.

Le roi nomme aux emplois d'administration générale et de relation intérieure. (Art. 66.) Comptez, si vous pouvez, le nombre de tous nos fonctionnaires, depuis le ministre jusqu'au garde-champêtre; n'oubliez pas les 12,000 bourgmestres et échevins et les 10,000 employés des finances, des douanes, du chemin de fer, etc.; joignez-y la dévorante phalange des sinécuristes, des satisfaits et des solliciteurs qui se disputent les faveurs et les subventions gouvernementales, et vous arriverez à un chiffre plus élevé que celui de notre armée.

Les arrêts et jugements sont exécutés au nom du Roi. (Art. 30.) Les nominations dans l'ordre judiciaire lui appartiennent, celles pour les cours d'appels et de cassation sont seules soumises à des listes de présentation.

L'initiative lui appartient comme aux deux autres branches du pouvoir législatif qui n'en usent guère. (Art. 27.)

Il convoque, ajourne et dissout les Chambres. (Art. 72.)

Il sanctionne et promulgue les lois. (Art. 69.)

Le Roi commande les forces de terre et de mer. (Art. 61.) C'est une prérogative qui n'a pas toujours porté bonheur, et, pour s'en convaincre, il n'est pas nécessaire de remonter à la bataille de Poitiers ou de Pavie.

Mais, avec le droit de conférer les grades dans l'armée (art. 66), elle n'en place pas moins dans les mains de la royauté toute la puissance militaire et toute la force publique du pays.

Le Roi fait les traités de paix, d'alliance et de commerce, et *déclare la guerre*. (Art. 68.) Il déclare la guerre ! et il peut même la déclarer sans consulter les Chambres ! C'est-à-dire qu'il pourrait d'un mot, presque d'un geste, décimer, ruiner, écraser le pays et perdre notre nationalité.

En définitive, la royauté est à elle seule aussi puissante, et vingt fois plus puissante, je ne dirai pas que la Nation, qui n'existe pas dans notre organisation politique, mais que le Sénat, la Chambre et tous nos collèges électoraux. Son refus de sanction suffit pour les arrêter, les enchaîner, tous, à jamais.

Et pour couronnement, on lui a garanti trois privilèges qu'aucune puissance au monde n'a pu, depuis soixante ans, assurer aux rois, en Belgique comme en France, du moins : l'*irresponsabilité*, l'*hérédité* et l'*inviolabilité*.

Peu s'en est fallu qu'on n'allât jusqu'à l'*im-*

mortalité. On se contenta pour le moment de l'*infaillibilité.*

Ce n'est pas là, certes, la royauté démocratique entourée d'*institutions républicaines*, dont nous avons tant entendu parler en 1830. C'est la royauté féodale et de droit divin rétablie dans la plénitude de ses vieilles attributions, avec l'agréable fiction de la responsabilité ministérielle et le complaisant contrôle des Chambres en plus, et l'inflexible opposition des parlements en moins. Elle pourrait donc encore, aujourd'hui, répéter, mais à voix basse sans doute, le fameux mot de Louis XIV : *l'Etat c'est moi.*

Qui croirait que ce magnifique don de *joyeux* avènement ait été accueilli avec froideur à Londres, et qu'au lieu des expressions de la reconnaissance, il n'y ait rencontré que les sévérités de la critique ?

C'est, cependant, ce qui nous a été attesté publiquement, en pleine Chambre des Représentants, dans la séance du 24 février 1848, par l'un des anciens membres du gouvernement provisoire et de la première députation envoyée à Londres.

Ecoutons donc M. Félix de Mérode :

« Lorsque j'ai été, à Londres, offrir la cou-

» ronne belge au prince de Saxe-Cobourg, avec
» MM. de Brouckere et de Foere, il nous fit *des*
» *objections graves sur l'insuffisance du pou-*
» *voir accordé au chef de l'Etat par notre*
» *Constitution de* 1830...

» M. LE MINISTRE DE L'INTÉRIEUR. — C'est inconvenant.

» M. DE MÉRODE. — Je rends compte de ma mission.

» LE MINISTRE. — Il ne s'agit pas de votre
» mission.

» M. DE MÉRODE. — Si vous ne voulez pas
» m'entendre, je ferai imprimer mon discours.

» PLUSIEURS MEMBRES. — Passez cette partie
» du discours.

» M. DE MÉRODE. — Je ne puis passer une
» partie du discours. Du reste, ce qui me reste
» à dire ne concerne que moi.

» Nous reconnûmes l'impossibilité de la modi-
» fier; mais nous assurâmes le prince que, dans
» les lois organiques, nous ferions nos efforts
» pour que l'autorité royale obtînt tout ce que
» la loi fondamentale permettait de lui attri-
» buer; la même assurance lui fut donnée par
» la députation plus nombreuse qui vint lui por-
» ter le décret d'élection de sa personne par le
» Congrès.

» Je n'ai pas deux paroles, Messieurs, j'ai tenu » loyalement la mienne. »

Oui, M. de Mérode a tenu loyalement sa parole, et la grande députation aussi. Comment ne pas tenir les promesses faites aux prétendants qui ont de royales récompenses pour la fidélité et le dévouement?

Chambres, ministres, doctrinaires, catholiques, tous se sont également et loyalement associés à cet engagement. Ils ont même été au delà. Comme toujours, ils ont voulu faire du zèle. Ils ont été, suivant le dicton populaire, plus royalistes que le roi, et se sont laissés entrainer à des exagérations dont seuls ils ont à subir la responsabilité. Et voilà pourquoi, malgré nos changements de ministres et nos grands débats parlementaires, nous n'avons eu, pendant trente ans, que des luttes de portefeuilles, des rivalités de courtisanerie et la longue et triste série des triomphes de la réaction. — Rappelons seulement trois étapes : 1831, 1836, 1842. 1831 : nomination des bourgmestres et échevins par les électeurs. 1836 : nomination par le roi. 1842 : nomination des bourgmestres en dehors du conseil.

C'est un peu là, du reste, l'histoire du régime parlementaire dans tous les pays où il s'est épanoui avec le plus d'éclat. Voyez la France, sous le gouvernement de juillet, et l'Angleterre. Guizot, Thiers, Molé, en France! Derby, Palmerston et d'Israeli, en Angleterre! C'est dans chaque pays, au bénéfice de la royauté et de trois ou quatre personnalités ambitieuses et jalouses, qu'a eu lieu la représentation de cette grande comédie parlementaire inventée uniquement s'il faut en croire Paul-Louis Courrier, pour pressurer et opprimer les peuples, en leur laissant les apparences, les illusions de la liberté.

IV

Souvenirs parlementaires

Lorsque, arraché aux paisibles travaux de la députation provinciale du Hainaut, que je regretterai toujours, je fis mon entrée à la Chambre des représentants, en 1843, la Réaction se trouvait à son apogée, et dans toute l'ivresse de ses récents triomphes.

Elle venait de voter, en 1842, les lois les plus impopulaires : la loi du fractionnement, celle qui portait à huit ans la durée des fonctions communales, en attendant qu'on pût en faire des fonctions à vie, enfin l'odieuse loi qui confère à la royauté le droit de choisir, *en dehors du conseil*, les bourgmestres qui, jusqu'en 1836, avaient été nommés directement par les électeurs.

Elle était dirigée par un chef expérimenté, le plus remarquable de nos écrivains peut-être, le plus nerveux de nos orateurs et sans contredit le plus capable de tous nos hommes d'Etat. La lutte était inégale; et cependant, dès la première séance, je l'engageai résolument avec le rapporteur de l'adresse et la continuai ensuite vigoureusement avec le chef du cabinet. Jusqu'au jour de sa chûte, je n'ai cessé de le poursuivre, de l'attaquer, de l'accuser avec toute l'ardeur de mes convictions, l'impétuosité de mon caractère et la violence parfois injuste de mes haines politiques; attaques et violences, dont, je dois le reconnaître en adversaire loyal, il s'est depuis dignement vengé, en venant le premier tendre la main à son ennemi politique, et en lui faisant, à Berlin, l'accueil le plus hospitalier.

Mon opposition, surexcitée par la violence des luttes que j'avais eu à soutenir, était devenue en quelque sorte systématique; elle ne fut donc pas même désarmée par les loyales intentions, les tendances libérales et la séduisante parole de celui de nos ministres, qu'on pourrait appeler le Martignac belge.

Quand arriva à la direction des affaires celui que, pour continuer mes comparaisons empruntées à l'histoire de la Restauration, j'étais tenté alors d'assimiler à M. de Polignac, ma violence politique ne connut plus de bornes. Cette tête pâle, intelligente, spirituelle, produisait, en réalité, sur moi l'effet de la tête de Méduse. Aussi, que de fois l'ai-je souffletée de mes mordantes paroles sur les deux joues! Que de fois même, dans l'ardeur de la lutte, me suis-je laissé entraîner à violer les convenances parlementaires, à l'égard d'un collègue qui ne les oublia jamais, lui, et qui toujours supporta mes emportements avec le calme de l'homme d'Etat, ajouterai-je, avec la résignation du chrétien.

Ai-je besoin de dire avec quelle ardeur j'ai battu des mains au renversement du ministère, qu'on appelait alors, je crois, le ministère des *Six Malou*. Il me semblait que nous venions de remporter une victoire nationale et d'écraser à tout jamais la Réaction. Et, en vérité, si j'avais eu, comme certains de nos hommes politiques en Belgique, la monomanie du sauvetage, j'aurais pu croire, dans ma vanité, avoir aussi contribué à sauver, non le pays peut-être, mais la liberté.

Mon enthousiasme, hélas! ne dura qu'un jour. Il se calma rien qu'en jetant les yeux sur la Chambre, sur le nouveau ministère, et surtout sur son programme qui, pour toute réforme financière, nous apportait le rétablissement du serment en matière de succession et la nécessité de nouveaux impôts.

Quelle confiance pouvaient m'inspirer la Chambre et même les libéraux les plus avancés qui s'y trouvaient? J'avais, quelques mois auparavant, présenté le plus modeste projet de réforme électorale. Il s'agissait tout simplement d'adjoindre les listes du jury aux listes électorales et d'admettre les capacités à l'exercice des droits politiques. Eh bien, je ne parvins d'abord à trouver que quatre signatures dans toute la Chambre pour appuyer cette inoffensive proposition, absolument comme si elle eût dû ébranler le trône, l'autel et la société, et sans le dévouement de mon vieil ami Lesoinne qui se sacrifia, je ne serais pas même parvenu à faire discuter ma proposition. Inutile d'ajouter qu'elle fut rejetée par une écrasante majorité.

Le ministère m'était plus sympathique. J'y retrouvais, parmi d'anciens amis, celui dont l'agréable causerie avait souvent fait le charme de notre phalanstère parlementaire du boulevard de l'Observatoire.

Le chef du cabinet, malgré la continuation de nos rapports affectueux, m'inspirait seul quelques défiances. Il venait sans doute de subir le baptême qui purifie tout, celui de l'opposition ; mais le passé de l'homme du pouvoir n'était pas de nature à me rassurer complètement sur l'avenir, et, avec ses habitudes de prodigalité gouvernementale et ses principes de centralisation, j'étais beaucoup moins rassuré encore pour les contribuables.

Aussi, dès le début de la discussion de l'adresse (16 novembre 1847), je ne pus m'enpêcher d'attaquer le programme ministériel et sa complète insignifiance, quelques actes fâcheux des nouveaux ministres, les déplorables combinaisons du ministre des finances, et tout spécialement les tendances belliqueuses du général Chazal, ou plutôt son naissant amour de soldat, d'artiste, de poëte, si l'on veut, pour les canons-monstres et les fortifications babyloniennes. Je déclarai nettement au ministère que si l'on continuait de nous refuser la revision des impôts, la réforme des budgets et spécialement celle de l'inutile et ruineux budget de la guerre, la cessation des profusions gouvernementales et la réduction des charges publiques, je continuerais, de mon côté, de rejeter tous les budgets sans exception, ainsi que je l'avais fait jusque-là.

Les améliorations matérielles, comme les réformes politiques, n'en furent pas moins indéfiniment ajournées. Tout ce qu'on put obtenir, ce fut l'abrogation de l'insignifiante loi du fractionnement. J'avais cru pouvoir profiter de l'occasion pour demander l'abaissement du cens communal et le retour pur et simple à la loi de 1836 pour la nomination des bourgmestres; mais comme toujours, mes propositions furent enterrées avec les honneurs de l'ajournement indéfini.

Il devenait, dès lors, évident pour moi qu'il n'y avait rien, absolument rien que les hommes, de changé dans notre situation politique. C'était toujours le même air, seulement on le jouait différemment, selon l'expression d'un des plus grands virtuoses parlementaires de France, M. Thiers. La belle et harmonieuse voix de M. Rogier remplaçait le fausset quelque peu criard de M. Malou. Voilà tout.

Comme je n'étais pas à la Chambre pour applaudir les variations et les roulades de nos ténors oratoires, mais pour remplir mon devoir de citoyen et défendre les intérêts et les droits du peuple, il fallait bien me préparer à de nouvelles luttes, dans lesquelles, sans doute, je me serai de nouveau laissé entraîner aux emportements de cette vivacité, qui est dans ma nature, et que n'ont pu refroidir encore l'âge, les déceptions politiques ni la cruelle épreuve que j'ai subie il y a deux ans.

Soudain la scène change. Par le temps le plus serein, en plein hiver, dans cette saison si peu propice aux orages et aux révolutions, l'éclair brille, la foudre éclate, jette à terre la monarchie de juillet, et fait surgir la formidable apparition de la république.

V

La République de 1848. — Ma démission.

On est toujours républicain à vingt ans. C'est le dernier défenseur de la monarchie. Chateaubriand, qui l'a dit. J'en avais plus de quarante et j'avais eu le bonheur de conserver mes premières convictions républicaines. Dans ce siècle de progrès, d'intelligence et surtout de révolutions, la vieille hérédité monarchique me semblait à la fois une absurdité, un danger et une impossibilité. L'élection en tout et pour tous me paraissait devoir être désormais la loi suprême des peuples affranchis et souverains.

Et si j'attachais tant d'importance à une question de forme, c'est que la République — je le croyais du moins — gravant dans tous les cœurs son immortelle devise, pouvait seule effacer progressivement les inégalités sociales les plus choquantes, abolir les priviléges les plus iniques, empêcher l'exploitation des masses, rapprocher toutes les classes, raffermir tous les droits et résoudre enfin le problème insoluble jusqu'ici de l'alliance de l'ordre et de la liberté.

La proclamation de la République en France, où, malheureusement pour elle, elle avait à faire oublier un bien triste passé, c'était donc la réalisation de mes convictions, de mes vœux, de mes espérances, et presque de mes rêves; car, malgré les fautes et l'impopularité de la monarchie, jamais je n'avais espéré avoir le bonheur d'apercevoir la terre promise.

A la vue d'un tel miracle, il m'était bien permis, ce me semble, de me laisser entraîner avec trop d'ardeur par de généreuses illusions, et d'espérer presque voir enfin se réaliser la poétique fiction de l'âge d'or.

Pourquoi donc n'aurais-je pas désiré voir la Belgique suivre l'exemple de la France? Est-ce que cette vieille terre de liberté n'était pas mieux préparée que la France pour la République? N'avait-elle pas derrière elle un passé de cinq siècles d'institutions et de traditions démocratiques? N'avait-elle pas montré en 1830 qu'elle n'était jamais mieux gouvernée que quand elle se gouvernait elle-même, et qu'en Belgique du moins on peut *faire de l'ordre avec du désordre?* Ne vient-elle pas encore de nous prouver qu'elle peut parfaitement vivre, même au milieu d'une inextricable crise, avec un roi en voyage, sans ministres, sans Chambres et même sans budget?

Pour devenir républicaine, en 1848, la Belgique n'était pas condamnée à traverser, comme la France, les dangers et l'inconnu d'une révolution. Il lui suffisait de procéder légalement et pacifiquement à la révision prévue de la Constitution.

Elle ne devait pas même se priver de la haute intelligence, de l'habileté con ommée et de l'influence européenne du chef de l'État. Dans un moment où tous les trônes tremblaient, où tous les rois étaient aux genoux des peuples, était ce donc déchoir que de quitter *ces quatre planches vermoulues recouvertes de velours*, — c'est, on le sait, la définition du trône donnée par Napoléon lui-même — pour s'asseoir fièrement, et avec sécurité, au fauteuil d'honneur de la présidence de la Belgique républicaine? Les suffrages d'un million de citoyens n'auraient-ils pas été aussi flatteurs que le vote en sous-ordre des 150 membres du Congrès? La Belgique républicaine n'aurait-elle pas, enfin, au lieu d'une voisine défiante et irritée, trouvé, dans la République française, une alliée, une amie, une sœur, pour défendre, au besoin, son indépendance?

Malheureusement pour moi j'étais seul de mon avis à la Chambre. Cette assemblée m'avait traité jusque-là en véritable enfant gâté, si je puis me servir de cette expression familière. Elle avait toléré toutes mes hardiesses de pensées et toutes mes audaces de paroles. Elle m'avait toujours permis non seulement d'attaquer les ministres, mais de l'attaquer elle-même et, quoique représentant les intérêts conservateurs les plus intraitables, elle m'avait toujours laissé développer, sans un seul murmure, les théories les plus avancées. Mais, depuis qu'elle se voyait poursuivie par le spectre de l'anarchie, elle avait peur ; et après s'être hâtée de jeter un lambeau de réforme dans la gueule du lion populaire, pour le faire taire, et déployé un grand étalage de sollicitude pour les classes ouvrières, elle m'accablait, moi, de ses rigueurs impitoyables.

Delfosse, mon fidèle ami jusque-là, Delfosse lui-même s'était retourné contre moi ; et quand j'exprimais l'espoir de voir les idées démocratiques faire le tour du monde, il me répondait que, pour faire le tour du monde, les idées démocratiques n'avaient pas besoin de passer par la Belgique, et cette réponse lui valait les plus bruyantes ovations. Pauvre et naïf ami, qui nous parlait avec tant d'émotion des principes démocratiques gravés dans son cœur, et que je regretterai toujours, malgré nos derniers dissentiments ! Il croyait représenter sérieusement la démocratie et la nation, et il n'était, en définitive, que le représentant de quinze cents électeurs ! Il croyait que nos institutions étaient des institutions démocratiques, et il oubliait que sa bonne ville de Liége jouissait, au moyen-âge, de franchises communales bien autrement étendues qu'aujourd'hui.

Je ne pouvais donc plus me permettre la moindre allusion à mes sympathies pour la France et sa république, sans soulever les orages et les tempêtes. Par moments même, on aurait pu croire que la Chambre tout entière avait été mordue par je ne sais quelle tarentule monarchique et nationale. C'étaient alors des transports, des émotions, des agitations qui auraient bien pu dégénérer en convulsions et en épilepsie.

Que pouvais-je faire ? Mon mandat m'avait toujours paru d'une légitimité fort contestable ; c'était le mandat du privilège et de la minorité. Mais, après avoir représenté une minorité, j'en étais venu à ne plus représenter personne.

Il ne me restait donc plus qu'à déposer ce

mandat ; et c'est ce que j'ai fait, après avoir adressé à ces furieux de modération, de royalisme et de nationalité, dans la séance du 4 mars quelques bonnes vérités, que je ne puis résister au désir de reproduire.

» Finissons-en donc avec cette question de » nationalité qui vous donne la fièvre.

» Oh ! sur ce terrain, c'est merveille de voir » tous les dévouements et tout le patriotisme » qui éclatent dans cette enceinte ! C'est à qui » déploiera le plus d'exaltation et de courage. » Chacun de vous se décerne modestement la » palme du patriotisme et de l'héroïsme. Il » semble vraiment que la patrie est en danger » et que l'ennemi soit à nos portes. On se pas- » sionne jusqu'à l'enthousiasme et on promet de » verser son sang pour sauver l'indépendance » et les libertés de la Belgique. Déclamations » et forfanteries que tout cela !

» Est-ce que, par hasard, vous vous croyez » le droit de vous attribuer le monopole exclusif » du courage et du patriotisme ? Est-ce que » vous vous croyez plus que moi sensibles à » l'honneur du nom belge, à notre indépen- » dance, à nos droits, à nos libertés ? Mais qui » donc, de vous et de moi, les a le plus énergi- » quement défendues, ces libertés, quand,

» chaque jour, elles étaient mutilées par les » attaques et les violences de la réaction ?

» Rassurez-vous donc, grands et courageux » citoyens ! Je suis Belge comme vous ; le sang » belge coule aussi dans mes veines, et, autant » que vous, je tiens à l'honneur du nom belge » et à l'indépendance de mon pays.

» Savez-vous quelle différence existe entre » vous et moi ? C'est que je crois, moi, à notre » indépendance, à notre neutralité, à notre » nationalité. C'est que, vous, vous ne croyez » ni à notre neutralité, ni à notre indépen» dance. (*Violente interruption.*)

» Non, vous ne croyez pas à notre neutra» lité. Non, vous ne croyez pas à notre indé» pendance. Je n'en veux d'autre preuve que » l'exagération même de vos démonstrations. » C'est la peur, la peur seule, qui les provoque » et qui vous transporte. Et elle vous domine » tellement qu'elle vous entraîne à des mani» festations qui finiraient par devenir un danger » pour le pays, parce qu'elles ressembleraient » à un défi jeté à la France. Heureusement » pour vous, vous serez, dans cette circonstance, » comme toujours, protégés par la générosité » et la grandeur de la France qui déjà une fois » vous a sauvés.

» Je n'ai pas peur, moi, et j'ai foi dans notre
» neutralité et notre nationalité. Voilà pourquoi je refuse de m'associer à vos démonstrations. J'ai foi dans notre droit, comme j'ai
» foi dans la justice et la loyauté de la France.
» Voilà pourquoi je reste calme, confiant et
» plein d'espoir dans l'avenir.

» Si vous partagiez la confiance que j'ai en la
» France, si vous aviez, comme moi, le sentiment de notre droit et de notre indépendance,
» vous auriez aussi le calme et la modération
» que donnent la force et le sentiment de son
» droit.

» Mais, je le répète, vous ne croyez pas,
» vous-mêmes, à notre indépendance et à notre
» nationalité. Vous vous agitez, vous vous passionnez, vous protestez sur tous les tons et de
» toutes les manières, de votre patriotisme et
» de votre courage. — 1839 est là pour rappeler
» la valeur de vos démonstrations et la mesure
» de votre courage !

» J'en ai fini avec cette brûlante question et
» je vous ai dit tout ce que j'avais sur le
» cœur. »

Je ne me contentai pas d'abandonner la Chambre des Représentants, je crus devoir encore quitter la Belgique ; je n'étais pas de force à jouer le rôle d'agiteur et surtout je n'en avais nulle envie. Il y avait quelque chose que j'aimais bien autrement que la République : c'était l'indépendance de mon pays. Les complications politiques étaient certes assez graves, sans y joindre encore le dissolvant de l'anarchie.

J'ai donc abandonné la Belgique pour échapper, à tout prix, à ces tentations politiques, si dangereuses pour ceux qui une fois y ont succombé, et auxquelles j'ai encore la faiblesse de céder en ce moment, quoiqu'à soixante lieues de distance et après une retraite de seize ans.

Je l'ai abandonnée quelque peu aussi — car il faut que j'avoue toutes mes faiblesses — pour n'avoir pas les yeux, les oreilles, le cœur blessés et les nerfs constamment agacés par les ovations ministérielles, les apothéoses monarchiques et toutes ces *démonstrations délirantes*, pour me servir du style officiel, qui n'ont eu que trop de retentissement, et n'ont que trop souvent ressemblé à des provocations.

En France, hélas! j'ai éprouvé bien d'autres ennuis, et de bien plus cruels froissements.

Cette République, que je considérais comme l'idéal des gouvernements, et qui avait été, non pas votée, mais acclamée trente fois peut-être dans la séance d'ouverture de l'assemblée nationale, le 1er mai, je l'ai vue, de mes yeux vue, quinze jours après, traînée dans la boue au sein de cette même assemblée, puis noyée dans le sang des funèbres batailles de juin. Ce fut son dernier jour : *Finis Reipublicæ*. Le lendemain, il n'y avait plus qu'une dictature, et, pour comble de dérision et de douleur, une dictature républicaine !

Pour moi, c'était tomber des hauteurs du ciel dans les profondeurs d'une sorte d'enfer politique. Je n'avais jamais cru aux rois ; cette fois il me fallait cesser de croire aux peuples, obligé de me demander si le progrès politique n'était qu'un mensonge et si l'humanité n'était pas condamnée à rouler éternellement dans le même cercle d'erreurs, de crimes, de folies et de tyrannies.

A cet état de marasme moral se joignaient les souffrances physiques. Les luttes parlementaires n'avaient que trop altéré ma santé ; les peines de l'âme et de l'imagination en achevèrent le délabrement, et déjà je me sentais, je me voyais mourir.

Où donc chercher les consolations, les encouragements, l'espérance, la santé, la vie ? J'ai cru pouvoir les demander aux distractions de l'étude et à ce que Montaigne appelle si bien les *délec-*

tations de l'intelligence. Non content d'avoir à mes côtés mes livres, ces bons et agréables compagnons de la solitude, j'ai voulu recommencer en quelque sorte mon éducation, que n'avaient guère développée cinq ans de querelles politiques et de logomachie parlementaire, et je suis redevenu tout simplement écolier.

Je me suis assis, comme je l'avais fait un quart de siècle auparavant, sur les bancs de la Sorbonne et du collége de France; et c'est là que, oubliant les déceptions de la politique et oublié de tous, j'ai fini par retrouver les impressions, les distractions, les jouissances et presque les espérances et les illusions de ma jeunesse.

Malheureusement, tout le bruit qui se faisait, il y a quatre ans, autour de la question des octrois, vint m'étourdir à Paris et m'arracher à mes études chéries. Quoique le ministre n'en fût pas l'inventeur, ce projet n'en était pas moins un chef-d'œuvre d'escamotage financier et d'habileté gouvernementale. Il supprimait les octrois, en rejetant le fardeau sur le pays tout entier et en augmentant encore les taxes les plus iniques; et en établissant l'État caissier général de toutes les communes du pays, il jetait les bases de la plus gigantesque centralisation qui jamais se fût vue.

Cette tentative me révolta :

« La faim, l'occasion, l'herbe tendre, et, je pense,
» Quelque diable aussi me tentant,
» Je tondis de ce pré la largeur de ma langue. »

J'écrivis une petite brochure de cinquante pages, et, encore, la moitié en était-elle consacrée à mon *Delenda Carthago* : la suppression des priviléges politiques et la réforme électorale.

Je n'avais plus reparu à Bruxelles depuis 1848. On m'y croyait, sans doute, mort et enterré. Aussi, en me voyant ressusciter, une brochure politique à la main, on dut supposer que mon plus vif désir était de rentrer dans la vie politique et d'aller reprendre mon ancienne place à la Chambre des Représentants.

Mais, grâce au ciel, quand on a habité, seize ans, la belle et noble ville où, en une vie d'homme, se sont engloutis tant de grandeurs, de puissances, de constitutions et de gouvernements, depuis la vieille monarchie de quinze siècles jusqu'à la jeune république de quatre mois de 1848; quand, de plus, on a vu, chaque jour, défiler à ses pieds, du haut d'un quatrième étage, toutes les magnificences du luxe parisien, et suivi, chaque année, deux ou trois cours de philosophie, il n'est pas difficile de devenir quelque peu philosophe et de prendre en pitié le néant des choses humaines. Et, lorsqu'on en est là, en vérité, on n'a pas grand mérite à refuser un mandat de représentant, surtout quand c'est celui du privilége et du monopole.

VI

Les candidatures électorales. — 1862 et 1864

C'est dans l'arrondissement de Tournai, dont j'avais été le représentant, qu'on prit l'initiative en 1862.

Une dépêche télégraphique du président de l'Association libérale me fut adressée à Paris pour me demander si, ainsi que le bruit en courait, j'étais enfin disposé à accepter une candidature. (21 août 1862.)

Je ne pouvais qu'être sensible à ce bon souvenir; et, tout en refusant d'en profiter, c'est avec des expressions de gratitude que j'y aurais répondu, si le *post-scriptum* de la dépêche ne m'avait fortement choqué. C'est donc, sous l'empire d'un sentiment d'irritation, que j'envoyai au président de l'Association une lettre fort peu convenable, j'en conviens.

A la place de remercîments, elle contenait la critique la plus amère des fictions et des mensonges du régime parlementaire, des fautes et des dilapidations du gouvernement, du servilisme des Chambres, de la vénalité des élections; et je l'avais terminée en déclarant que je n'accepterais ni candidature ni mandat aussi longtemps que la majorité des Belges serait frappée de dégradation politique et que nous n'aurions qu'une contrefaçon, et, parfois, une parodie de gouvernement représentatif.

Malgré sa rudesse, qui, encore une fois ne pouvait s'expliquer et se justifier que par le malheureux *post-scriptum*, je regrette de ne pas avoir fait publier cette lettre en 1862.

Elle m'aurait sans doute épargné les instances et les sollicitations, dont j'ai été l'objet en 1864 de la part du comité de l'Association constitutionnelle de Tournai. On m'a adressé alors les appels les plus pressants, les plus chaleureux, les plus éloquents même, pour venir, de nouveau, défendre les principes et les réformes, dont toujours j'avais été l'inébranlable soutien. A trois reprises différentes, et toujours avec un redoublement d'ardeur, ces infatigables appels ont été réitérés; et, à trois reprises différentes aussi, j'ai persisté dans mes refus.

On m'en a, il est vrai, contesté le mérite. Un jeune député de Tournai, qui, vraiment, a trop de talent et d'avenir pour consentir à s'étioler à jamais dans la serre-chaude du doctrinarisme, s'adressant à une réunion électorale, a frémi, et a fait frémir tout son auditoire de colère et d'horreur, à la pensée qu'après avoir combattu l'intolérance, et renversé, comme il disait, le ministère Malou, je pusse devenir le candidat de M. l'évêque de Tournai.

J'avoue que, pour ma part, quoique assez susceptible en matière de loyauté et d'honneur, je ne me suis pas associé à cet universel frémissement de colère et d'horreur. Si le bruit de ma candidature avait été aussi vrai qu'il a toujours été faux, loin de me croire déshonoré, n'aurai-je pas dû être flatté d'avoir conquis le suffrage d'un évêque? Comment donc! obtenir d'un prince de l'Eglise une adhésion publique aux doctrines de la démocratie, à la tolérance universelle, à la liberté en tout et pour tous, à l'égalité des citoyens, à la fraternité des hommes et des peuples, à tous ces nobles et généreux sentiments qui ne sont après tout que l'avénement, dans la politique, de la morale de l'Évangile, et surtout obtenir cette adhésion après mes attaques contre le pouvoir occulte qui dominait les ministères, dont j'avais été l'adversaire! Mais ç'eût été là, ce me semble, un honneur réservé à peu de personnes, et que, sans doute, le jeune orateur, auquel je fais allusion, attendra longtemps, malgré ses précoces succès parlementaires.

L'offre déshonorante, dont les quatre députés de Tournai ont parlé dans leur circulaire, n'aurait eu ce caractère que si l'on était venu me demander le sacrifice de mes convictions. Je n'y aurais alors répondu que par le silence et le mépris. Mais c'était précisément pour les affirmer et les défendre qu'on m'appelait. Je ne me suis senti ni blessé, ni déshonoré, et, je dois le reconnaître, j'ai répondu au comité de l'Association constitutionnelle dans des termes beaucoup plus convenables que ceux de ma lettre de 1862 à l'Association libérale. Je me suis cependant permis de lui rappeler que les principes devaient passer avant les hommes, et que le moyen d'être populaire, c'était de défendre la cause du peuple et de se rattacher aux idées de liberté et d'égalité qui, après avoir transformé le monde antique, étaient devenues la vie et l'avenir des sociétés modernes.

J'ai bien un autre poids sur la conscience, et il faut à tout prix que je m'en débarrasse. Eh bien, et cette fois, *herresco referens!* je n'aurais pas même cru commettre un crime de lèse-majesté divine et humaine, ou de lèseamitié, en combattant de toutes mes forces la candidature d'un ancien ami politique, de ce député nomade, qui, après avoir représenté je ne sais combien de colléges, et même, si je ne me trompe, un collége catholique pur sang, sous le patronage de M. de Mérode, est le seul homme en Belgique qui puisse se vanter de représenter le pays.

Sans doute, il est peu d'hommes à la Chambre pour lesquels j'ai éprouvé de plus vives sympathies que pour Rogier, assis sur les bancs de l'opposition, à mes côtés, et combattant avec moi, de toute la puissance de sa parole émue et vibrante, les excès et les insolences de la réaction. C'était alors pour moi un frère d'armes, un ami.

Mais, M. Rogier, ministre, doctrinaire, réactionnaire parfois, et centralisateur toujours! M. Rogier, défenseur passionné de l'extension illimitée des prérogatives royales et de l'absorption par l'Etat de la liberté communale, de la liberté provinciale, de la liberté d'enseignement, de la liberté d'association, de la liberté de la presse elle même, de toutes les libertés, enfin, jusqu'à celle du travail et de l'industrie! M. Rogier, toujours avide de mettre la nation tout entière en régie, comme son chemin de fer, et d'imposer à tous, fonctionnaires et représentants, le joug de l'autocratie ministérielle! M. Rogier, enfin, le partisan des gros budgets, des gros traitements, des subsides, des subventions, des sinécures, des dépenses inutiles et fastueuses, des pompes monarchiques et des représentations officielles! Mais politiquement, c'est mon plus grand adversaire peut-être, et certes je ne me ferais aucun scrupule de travailler à le renverser.

Ce n'est pas tout encore, et je regrette de devoir l'ajouter : malgré les services qu'il a pu rendre à la cause de la révolution et de l'indépendance, il est, dans sa vie politique, deux actes que jamais je ne pourrais absoudre. N'a-t-il pas voté — et, ici, je n'exprime qu'un doute — n'a-t-il pas voté le traité de 1839, cette ineffaçable humiliation, d'autant plus grande qu'elle avait été précédée d'un solennel appel au courage de la nation et de l'armée? Et lui, le témoin, je pense, du bombardement d'Anvers, en 1830, le signataire du décret qui ordonnait la démolition de la citadelle, n'a-t-il pas, en 1848, sans autorisation et au mépris des prérogatives constitutionnelles des Chambres, jeté, avec ses collègues, les fondements de ces ruineuses et dangereuses fortifications, qui ne peuvent avoir d'autre résultat que de faire écraser notre métropole commerciale et de livrer le pays tout entier aux saturnales de l'invasion qu'elles provoquent? Pour ce fait, si la responsabilité ministérielle n'était pas la plus menteuse de toutes nos fictions constitutionnelles, il avait mérité d'être mis en accusation avec tous ses collègues, et si j'avais encore été membre de la Chambre, j'aurais considéré comme un devoir d'en faire la proposition.

Ce n'est donc pas par sympathie pour un ancien ami politique, ni par antipathie pour d'anciens adversaires que j'ai refusé la candidature. Je l'ai refusée, parce qu'il ne me convenait pas plus de représenter, en 1864, le parti conservateur, qu'il ne m'aurait convenu de représenter, en 1862, le parti ministériel. Je l'avais déclaré : le seul mandat que j'aurais pu ambitionner et accepter encore, c'était le seul mandat qui fût légitime à mes yeux : celui de représentant de la nation.

N'eussé-je pas été retenu par mes convictions, mes déclarations et mes répugnances, et les deux partis eussent-ils consenti à ses donner sur ma joue le fameux *baiser de Lamourette*, en me portant de commun accord sur leur liste, que je n'en aurais pas moins persisté dans mes refus.

VII

La Chambre des Représentants

Qu'aurais-je été faire dans cette galère? — En me servant de cette expression vulgaire, je n'entends certes pas manquer de respect à la Chambre et, surtout, comparer les travaux législatifs aux travaux forcés. Chacun le sait : la seule liberté sur laquelle les deux partis se soient trouvés d'accord jusqu'ici, c'est, pour la Chambre, la liberté de faire le lundi toujours, le samedi souvent, le jeudi et le mardi quelquefois, et de ne consacrer ainsi, en moyenne, que huit heures en huit jours aux discussions publiques; sans compter les sessions extraordinaires, qui permettent de n'avoir que deux séances par mois.

La parenthèse fermée, j'en reviens à ma question : Qu'aurais-je été faire dans cette galère décorée du titre fastueux de Palais de la Nation, sans doute parce que la Nation en est exclue?

M'atteler au char du vainqueur, chanter son triomphe et sa gloire, aller prendre, chaque jour, le mot d'ordre dans l'antichambre d'un ministre, me transformer en machine à voter, abdiquer ma conscience avec mon indépendance et me résigner, au besoin, à appuyer l'iniquité ? C'est alors qu'on aurait eu le droit de parler de déshonneur, de honte et de trahison, car, entre les doctrinaires et moi, il y aura toujours un abîme infranchissable : je ne reconnaîtrai jamais d'autre souveraineté que celle de la Nation, et eux, n'admettent d'autre souveraineté que celle de la raison, c'est-à-dire la leur.

Tendre la main au vaincu pour l'aider à se relever? C'eût été sans contredit plus courageux et plus généreux, et c'est toujours du côté des faibles,qu'on opprime, que me porte mon premier mouvement.

Mais, c'est précisément dans les rangs du parti conservateur que je retrouvais les promoteurs les plus ardents de la réaction que j'avais combattue avec tant de violence. Il y avait bien eu, il est vrai, de la part de ces grands coupables, une sorte de conversion *in extremis*; mais les rechutes n'étaient-elles pas à craindre? Malgré tout, le parti conservateur n'en avait pas moins à mes yeux un grand mérite, c'était d'avoir eu le courage de proposer, ce qui ne s'était jamais vu dans ce pays, un programme à la royauté, et sur son refus de l'accepter, d'en appeler aux électeurs. Mais après cet acte d'héroïsme romain, il avait eu la faiblesse de déserter son poste le jour du combat, et le programme avait été emporté et perdu dans la déroute.

Me jeter résolûment au milieu des deux partis qui, avant la dissolution, en étaient venus à s'équilibrer, et à frapper de complète immobilité cette admirable machine parlementaire et doctrinaire, qu'on nous donnait comme la huitième merveille du monde ? Leur reprocher d'avoir également exploité le pays au profit de leur ambition et de leurs passions, d'avoir également favorisé les dilapidations gouvernementales, d'avoir également voté les mesures les plus désastreuses et les plus honteuses, d'avoir également, pendant trente ans, servi aveuglément les intérêts de la réaction et trahi la cause de la liberté et du peuple ? Mais c'est là une tâche dont les partis eux-mêmes s'acquittent à merveille, ce me semble, quand il leur arrive, pour me servir d'une expression un peu triviale, de *laver leur linge sale en public.* Je n'aurais pu, certes, qu'être l'écho affaibli des accusations qu'ils s'adressent alors mutuellement avec autant de force que de vérité.

Dédaignant ces luttes passionnées et ces récriminations stériles, serais-je allé à la Chambre uniquement pour y plaider la cause des réformes sociales, politiques et matérielles? Mais déjà ne l'avais-je pas fait, pendant cinq ans, avec une constance et une opiniâtreté qui allaient jusqu'à l'importunité?

Pour s'en convaincre, il suffira de jeter un simple coup d'œil sur la revue des principales discussions auxquelles j'ai pris part. Et si j'introduis, ici, ce hors-d'œuvre, c'est que, plus que jamais, je compte sur un redoublement de patience de la part de l'indulgente amitié qui me lit.

VIII

Cinq ans de travaux législatifs (1843-1848)

Le hasard, dès mon arrivée à la Chambre, m'a servi à merveille. Je ne parle pas, bien entendu, de la discussion *ab irato* que j'eus, sans m'y attendre, avec le fougueux rapporteur de l'adresse de 1843, pour avoir demandé qu'on en supprimât le paragraphe où la majorité parlait de son profond amour pour nos institutions nationales, qu'elle venait de violer avec audace. Mon véritable début eut lieu, quoique d'une manière incidente encore, à l'occasion d'une pétition, pour laquelle on avait proposé l'ordre du jour dans les termes les plus dédaigneux.

1. *Classes laborieuses.*

Il s'agissait de la pétition des ouvriers flamands. Atteints doublement par la crise commerciale qui sévissait alors et par la transformation de leur industrie : ils réclamaient le droit de vivre dans leur pays en travaillant, le dégrèvement des taxes qui pesaient sur les subsistances et les classes ouvrières, enfin le droit d'avoir à leur tour des représentants et des défenseurs comme les autres classes de la société.

Je me suis constitué leur défenseur d'office, en m'empressant de protester contre les termes du rapport, et en appuyant leurs trop justes réclamations ; et depuis, je n'ai pas laissé échapper une seule occasion de défendre les intérêts et les droits de ces classes nombreuses, qui forment la majorité et la force de la nation, et qui, quoique supportant les plus lourdes charges, n'en sont pas moins privées, non-seulement de l'exercice des droits politiques, mais encore de la plupart des avantages sociaux.

La misère des Flandres et la crise alimentaire de 1845 avaient mis à l'ordre du jour la question du paupérisme. Aussi, que de fois, à la Chambre, il nous a fallu sonder cette plaie douloureuse, qui semble s'étendre avec les progrès de la civilisation et de l'industrialisme, et pour laquelle on n'a trouvé jusqu'ici d'autre exutoire que l'émigration.

J'ai toujours été partisan de la liberté en tout et l'adversaire déclaré de l'intervention gouvernementale ; mais ce n'était pas le moment de se réfugier dans les commodes maximes d'une économie politique sans entrailles, qui laisse faire la misère et la moralité et laisse passer le paupérisme et ses souffrances, au risque de devoir en appeler aux baïonnettes, à la mitraille, et parfois même à l'échafaud, pour étouffer les cris de la faim et réprimer les crimes qu'elle enfante.

On nous faisait un tableau navrant de la situation des Flandres. La misère décimait la population. Bruges voyait 20,000 de ses habitants, la moitié de sa population, secourus par le bureau de bienfaisance qui succombait sous ce fardeau. Pour apprécier l'énergie du remède il fallait connaître l'étendue du mal. J'ai donc cru devoir réclamer une enquête sur le paupérisme. Elle n'existait pas dans un pays qui avait vingt statistiques agricoles, industrielles et commerciales. La Belgique connaissait parfaitement le nombre de ses chevaux et de ses bœufs; mais elle ignorait, et peut-être ignore-t-elle encore le nombre de ses pauvres.

En attendant que faire? Au ministère de la justice, le principal moyen de salut, c'était l'établissement de nouveaux dépôts de mendicité. Mais il fallait du temps et de l'argent pour les construire; puis, la pensée seule de voir des ouvriers honnêtes et laborieux, qui ne demandaient que du travail et du pain, obligés d'aller se réfugier et se démoraliser dans des établissements qui ne sont que trop souvent les succursales des prisons, et qui en reproduisent les vices, me révoltait. J'ai donc combattu ce projet malencontreux et réclamé la préférence pour les ateliers libres que plusieurs villes avaient établis déjà, pour les colonies agricoles qu'on avait eu le tort d'abandonner, pour les écoles d'apprentissage et surtout pour les grands travaux d'utilité publique, dont on demandait alors la concession.

Enfin, j'ai considéré comme un devoir d'appuyer toutes les propositions des représentants des Flandres pour venir en aide à leurs malheureux compatriotes ; mais il ne faut pas nous faire illusion : à de grands maux nous n'avons pu apporter que de simples palliatifs, et si les Flandres ont été sauvées, c'est que leurs courageuses et morales populations se sont sauvées elles-mêmes.

C'est le travail, et le travail seul, qui peut triompher du paupérisme. Aussi, sans cesse et toujours, dans toutes les parties du pays comme dans les Flandres, et toutes les fois qu'il s'est agi de l'administration des bureaux de bienfaisance, j'ai demandé qu'on substituât autant que possible la loi moralisante du travail à l'humiliation de l'aumône.

Ce fut une bien malheureuse inspiration que celle qui poussa le gouvernement à choisir, précisément, ce moment de détresse, pour aggraver encore la position des classes ouvrières en promulguant l'arrêté du 9 novembre 1845.

La loi organique des livrets du 22 germinal an XI fut jugée trop indulgente. On remplaça la paternelle juridiction des juges de paix par les tribunaux correctionnels, les dommages-intérêts par une amende de 200 francs, et un emprisonnement qui pouvait s'élever à quatorze jours, et même à six mois, en cas d'insolvabilité, aux termes de l'art. 53 du Code pénal, sans compter l'emprisonnement préventif, puisqu'il s'agissait d'une affaire correctionnelle. — Et tout ce déploiement de pénalités en vertu d'un simple arrêté royal, et pour l'impardonnable crime d'avoir travaillé sans livret, ou oublié de le faire viser par l'administration locale !

Je n'ai pas besoin de rappeler avec quelle énergie je me suis élevé contre les dispositions aussi illégales qu'oppressives de cette arrêté, dont, je l'espère bien, les tribunaux auront refusé de faire l'application.

Au lieu de faire de l'arbitraire et de l'illégalité,

il aurait été si facile d'être humain et juste. Il suffisait de soumettre toutes ces brûlantes questions de livrets et de salaires à la juridiction des prud'hommes, de rendre cette institution obligatoire dans tous les centres industriels, d'y admettre les délégués des ouvriers comme ceux des chefs d'industrie, et de l'environner de toutes les garanties d'impartialité et d'indépendance.

A diverses reprises, aussi, il m'est arrivé de réclamer une loi qui, en Belgique comme en Angleterre, en Prusse, en Autriche et en France, vînt régler le travail des enfants dans les manufactures et les mines. Je n'ai pu l'obtenir, et j'ignore si elle existe aujourd'hui. La difficulté est grande, j'en conviens, car il faudrait avant tout faire disparaître la misère, qui est l'unique cause de la triste exploitation des enfants et des femmes, exploitation que le travail de nuit tend à augmenter encore.

2. *Institutions de bienfaits. — Hospices. Hôpitaux.*

Au-dessous des misères ordinaires des classes laborieuses, il en est d'autres plus navrantes encore : celles qui vont se cacher dans les hospices, les hôpitaux et les dépôts de mendicité. Il fallait donc aussi s'en occuper.

Le Gouvernement lui-même avait institué une commission pour préparer la réforme du régime des aliénés ; et après s'être environné de toutes les lumières de la science et de l'expérience, il refusait de s'en occuper, et j'ai dû lui rappeler cette urgente réforme de la manière la plus pressante (11 et 12 janvier 1844), et réclamer en même temps, des mesures pour prévenir le danger des détentions arbitraires dans les maisons d'aliénés.

En présence des infanticides qui avaient suivi la suppression du tour établi à Tournai, je ne pouvais m'empêcher de signaler les conséquences de cette meurtrière mesure, ainsi que déjà je l'avais fait au sein du conseil provincial du Hainaut.

Et quant aux dépôts de mendicité, que faire ? Les réduire au lieu de les augmenter, et, en attendant, y réaliser non seulement la séparation des sexes, qui n'y était pas alors toujours rigoureusement maintenue, mais, autant que possible, celle des âges, et surtout y organiser le travail.

La question des hôpitaux offrait de bien plus graves difficultés encore. D'abord ils sont, et ont toujours été pour les classes ouvrières l'objet d'une répulsion, qui devrait engager à développer davantage l'organisation des secours à domicile. Mais leur inconvénient, leur danger, c'est la mortalité et les épidémies qu'y développe la concentration des malades. On sait, depuis que la statistique et la science y ont porté leurs investigations, qu'en définitive ils tuent plus de malades qu'ils n'en guérissent, à la suite surtout des opérations chirurgicales. Cette terrible mortalité est aujourd'hui plus que jamais, le désespoir des médecins de Paris. Pour la combattre on a élevé un hospice modèle, ou plutôt un magnifique palais, l'hospice Lariboisière. On l'a placé sur une hauteur, à l'extrémité de Paris, presqu'à la campagne; la science et l'art en ont dirigé les travaux, on y a installé des machines à vapeur et les moyens d'aération les plus énergiques. Eh bien, c'est là, précisément, que la mortalité exerce le plus de ravages.

3. *Réforme pénitentiaire.*

Et comment ne pas jeter parfois aussi un regard de pitié sur ces maudits, que la société repousse de son sein parce qu'ils ont violé ses lois, mais qui n'en sont pas moins des hommes, et trop souvent les victimes de la fatalité des circonstances au milieu desquelles ils sont nés et ont grandi? La moralisation des prisons n'intéresse-t-elle pas encore bien plus dans la société elle-même que les condamnés?

La question de la réforme pénitentiaire préoccupait alors tous les criminalistes et l'on voulait à tout prix mettre un terme à ces récidives qui ne prouvent que trop la démoralisatian de nos prisons et de nos bagnes, ces dangereuses écoles d'enseignement mutuel pour le crime. Malheureusement, on n'était pas plus d'accord sur cette question que sur toutes les autres. Trois systèmes se trouvaient en présence : le système anglais, le système d'Auburn et celui de Philadelphie. Les uns, se rappelant la brillante transformation de Botany-Bay, réclamaient des colonies pénales; les autres voulaient la communauté d'existence des détenus avec le silence absolu comme à Auburn; les troisièmes, la réclusion solitaire avec toute ses rigueurs.

Cette innovation avait alors d'ardents partisans qui, je dois l'avouer, m'avaient presque converti; on en a fait depuis des essais coûteux, et qui n'ont pas réalisé leurs espérances. Ils ont prouvé que la réclusion solitaire, excellente comme pénalité temporaire et comme moyen de purification, ressuscitait, quand elle était prolongée indéfiniment, les tortures des oubliettes du moyen âge, et ne conduisait que trop souvent à l'abrutissement, à la démence ou au suicide.

Il s'agissait donc de la transformation radicale de la pénalité et de questions de vie et de mort. Le gouvernement voulait les résoudre dans son omnipotence. Je lui ai contesté ce droit que j'ai revendiqué en faveur du pouvoir législatif (12 janvier 1844), et quand, plus tard, il est venu nous apporter un projet de réforme, sans plans, sans études, sans renseignements, sans un seul mot enfin sur les questions d'hygiène et d'existence qui se rattachent au régime cellulaire, je ne pouvais que réclamer un supplément d'instruction, et c'est ce que j'ai fait. (22 décembre 1844.)

4. *Réformes pénales.*

De Maistre, ce terrible apologiste de la guerre, de la peste, de tous les fléaux de l'humanité, avait été jusqu'à déclarer, dans l'entraînement de sa sanglante logique, que la hache du bourreau était la clef de voûte de l'édifice social. Un de nos collègues, et l'un des plus consciencieux, semblait avoir adopté cette impitoyable théorie et vouloir réhabiliter l'échafaud, devenu assez généralement alors un objet d'horreur et de dégoût.

Il fut écouté. Des exécutions capitales eurent lieu, non-seulement pour des assassinats ou des empoisonnements, mais pour des meurtres précédés ou suivis de vol. Au milieu de ce redoublement de terrorisme judiciaire arriva la condamnation à mort de trois malheureux, dont l'innocence fut reconnue avant l'exécution. Ce fait avait vivement ému l'opinion publique. J'en profitai pour renouveler ma protestation contre l'application trop fréquente d'une peine, qui, fût-elle aussi nécessaire et aussi exemplaire que ses partisans le prétendent, n'en expose pas moins au terrible danger de tuer parfois l'innocent et de rendre les erreurs judiciaires irréparables. (22 janvier 1847.)

La France, en 1832, et sous l'influence des inspirations généreuses de sa révolution, avait procédé à la revision du code pénal et du code d'instruction criminelle. Nous étions en 1845, et, en Belgique, rien encore. Cette apathie m'humiliait pour mon pays. Je me suis efforcé de stimuler le zèle du gouvernement, mais en vain. Aucun projet de réforme ne nous a été soumis. On s'en occupe enfin aujourd'hui, mais avec une lenteur qui fait craindre que la Belgique ne puisse jouir du bienfait de la réforme pénale avant la fin du XIXe siècle.

J'obtins même un effet tout contraire à celui que j'attendais. Je demandais des adoucissements, on nous apporta de nouvelles aggravations. C'est alors, en effet, qu'à la suite d'un acquittement prononcé par le jury de Bruxelles, on vint nous présenter le projet de loi sur les offenses à la personne du Roi. Ce projet, triste contrefaçon des odieuses lois de septembre, en France, violait non-seulement les droits de la vérité, de la justice, de la morale publique et de l'histoire, mais encore tous les principes de la criminalité. Il punissait *d'un emprisonnement de trois ans et de cinq ans de surveillance de police*, un délit imaginaire et dont on ne pouvait donner la définition, une irrévérence quelconque, ainsi que disait le ministre de la justice, fût-elle commise dans un écrit et sans intention coupable. Je n'ai pu la faire rejeter, mais du moins j'ai eu la satisfaction de caractériser cette œuvre d'injustice et de courtisannerie en des termes que je me garderai bien de répéter aujourd'hui, dans la crainte d'avoir à subir moi-même l'application d'une loi qui doit me garder rancune et aspirer à se venger.

La loi sur l'expulsion des étrangers mérite bien aussi de figurer parmi les lois pénales, et même les plus odieuses, puisqu'elle prononce une peine infamante, celle du bannissement, et refuse des juges. L'art. 28 de la Constitution avait promis à l'étranger, qui se trouve sur le territoire de la Belgique, la même protection qu'aux Belges pour sa personne et pour ses biens. Cette loyale protection, c'est l'arbitraire, et encore l'arbitraire de la police, qui peut, quand elle veut, ruiner l'étranger, confisquer son industrie et le chasser de Belgique. Elle n'a pas même eu honte d'appliquer cette odieuse mesure à de pauvres et faibles femmes. — Que faire contre des attentats aussi lâches, si ce n'est protester, protester encore et protester toujours? (2 février 1846.)

On nous assure que la loi de 1835 n'a pas été prorogée cette année. A merveille! Mais l'arbitraire a-t-il également abandonné le décret du 23 messidor an III, l'arrêté du 4 nivôse an V, la loi du 28 messidor an VI et l'arrêté du 6 octobre 1830, qui permettent l'expulsion de l'étranger sans arrêté royal? Serait-ce donc une escobarderie?

La loi sur la contrainte par corps était plus odieuse encore, puisqu'elle autorisait le créancier à emprisonner son débiteur pendant cinq ans pour une somme de 150 francs. Depuis 1832 cette loi a été profondément modifiée en France. J'ai demandé, mais toujours en vain, qu'elle le fût également en Belgique. L'est-elle enfin aujourd'hui ?

Quant à la bastonnade qu'on appliquait encore en 1847, j'espère bien qu'après avoir été l'objet d'une flétrissure publique, elle aura cessé de déshonorer le code maritime. (16 novembre 1847.)

5. *Réformes civiles.*

La réforme de la législation civile et des principales dispositions du code de procédure et de commerce n'offrait pas sans doute le même caractère d'urgence, il ne s'agissait là que d'intérêts purement matériels ; et cependant que de problèmes intéressants à résoudre ! La transmission de la propriété réclamait de nouvelles garanties ; le régime hypothécaire, un complément de publicité ; le recours à la justice n'était que trop souvent ruineux ; les formalités et les frais de la procédure, ceux surtout de la poursuite en expropriation forcée, les lenteurs et les complications des faillites, dévoraient les fortunes et écrasaient à la fois débiteurs et créanciers pour enrichir quelques hommes de loi. Que d'acclamations il y aurait eu pour le ministre assez courageux pour porter la hache à la racine de tous ces abus séculaires, et les extirper! D'ailleurs la Constitution elle-même (art. 139) nous avait promis la revision des codes, et spécialement celle de la législation des faillites et des sursis. Il m'était donc bien permis de rappeler cette promesse.

6. *Réformes judiciaires — Magistrature et notariat.*

En fait de réformes, on ne se préoccupait que de la réforme pécuniaire et de l'augmentation du traitement des fonctionnaires. Tout naturellement, ce fut à la magistrature qu'on accorda la préférence.

Je ne parle pas de la diplomatie. Comme toujours la diplomatie avait agi..... diplomatiquement. Elle s'était fait, sans bruit, la part du lion, et en se cachant dans le plus modeste chapitre d'un budget, que personne ne lisait, elle était parvenue à se faire voter une magnifique liste civile, sur laquelle j'aurai l'occasion de revenir dans le cours de cet examen.

C'est donc par la magistrature que commença la grande croisade pour l'augmentation générale des traitements, qui, sans doute, aurait été parfaitement légitime, si l'on avait en même temps supprimé, ne fût-ce que la moitié des fonctionnaires inutiles.

On ne pouvait faire un choix plus habile et plus sympathique. Qui aurait pu se décider à combattre une allocation réclamée en faveur d'un corps, qui rend les plus grands services, qui jouit de la plus vaste influence, qui reçoit en quelque sorte le reflet de la majesté de la loi, dont il est l'interprète, et qui avait tant d'avocats au sein de la Chambre?

Je me suis vu bien à regret obligé de le faire, et de le faire avec d'autant plus d'insistance, que j'avais à combattre de plus nombreux adversaires. Pour moi, les services de la magistrature étaient de ceux qui doivent se payer, bien moins en argent qu'en considération, en influence, en honneur; et je n'étais que trop convaincu qu'une fois le précédent posé et la digue brisée, le torrent allait se précipiter et nous engloutir.

Je n'avais pu m'empêcher de comparer le personnel si nombreux de nos cours et de nos tribunaux aux douze juges de la cour des *Plaids commus*, qui suffirent à l'expédition des affaires civiles et criminelles en Angleterre. Ce pays a eu, de plus, l'avantage de supprimer les deux degrés de juridiction, qui, sans doute, il y a quelques siècles, et quand il s'agissait de triompher de l'anarchie des justices féodales, constituaient un grand progrès, mais qui ne sont plus qu'un non-sens dans une organisation régulière, où toutes les juridictions doivent offrir les mêmes garanties. Enfin, avec le principe du juge unique, l'Angleterre est arrivée à élever au plus haut degré le zèle, la capacité, l'indépendance et la responsabilité de ses magistrats. Pour avoir fait l'éloge de ses institutions judiciaires, j'ai eu à soutenir une longue et vive discussion avec le ministre de la justice, défenseur du système français, de ses complications et de ses abus.

L'utile institution des juges de paix réalisait pour moi, quoique sur une échelle bien modeste, les principales conditions de la réforme judiciaire. J'ai voté de grand cœur le supplément d'allocation qu'on réclamait pour elle. J'ai même proposé d'y ajouter encore, à la condition de supprimer le casuel, qui m'a toujours paru contraire à la dignité de la magistrature. (16 novembre 1844.)

Par son importance et son influence, le notariat vient à la suite de la magistrature et devrait en partager l'indépendance et les garanties. Les créations de notariats et les nominations de notaires ne sont devenues que trop souvent des moyens d'influence politique ; aussi aurais-je voulu que l'intervention du pouvoir judiciaire pût empêcher cet abus. Il en était un autre bien plus grave encore. J'avais été témoin, en France, des ravages exercés par la vénalité des offices, qui, introduite frauduleusement dans le notariat, avait fini par envahir la plupart des fonctions publiques, et les transformer en de véritables propriétés privées d'une valeur exorbitante. J'ai signalé le danger pour la Belgique, et donné l'éveil à la sollicitude des Chambres et du gouvernement. (14 février 1848.)

7. *Réforme financière, impôts.*

Comment espérer la réduction des charges publiques dans le moment où il n'était partout question que d'accroissemeut de dépenses? Chacun voulait puiser à pleines mains dans les caisses du Trésor, comme s'il avait eu à sa disposition tout l'or de la Californie. Malheureusement, ce n'était qu'en écrasant les contribuables qu'il pouvait satisfaire toutes ces convoitises.

La plupart des taxes, les taxes directes elles-mêmes, se confondant presque toujours avec la valeur des produits, retombent, en définitive, sur les consommateurs, c'est-à-dire sur les classes les plus nombreuses et parfois sur la classe pauvre.

Mais les taxes indirectes sont plus particulièrement odieuses, non seulement à cause des difficultés de la perception et des fraudes qui s'y rattachent, mais parce qu'elles frappent directement les objets de consommation populaire. Supportées surtout par les classes ouvrières, et augmentant avec le nombre des enfants, c'est-à-dire avec les charges de la famille, elles forment, en réalité, cet impôt progressif, qu'on repousse avec colère quand il s'agit de la richesse, et qu'on applique sans pitié au travail et à la pauvreté. Enfin quand, comme l'impôt sur le sel, dont l'usage est presque aussi nécessaire à l'homme que l'air qu'il respire, il s'élève à 300 p. c. de la valeur de l'objet qu'il frappe, ce n'est plus même un impôt, c'est de la confiscation et de la spoliation.

Je n'ai donc pas laissé passer le budget des voies et moyens, une seule année, sans attaquer de toutes mes forces ces choquantes iniquités, et sans demander que les taxes, établies sur le travail et le nécessaire, fussent reportées, en partie du moins, sur le revenu, le luxe, la richesse et le superflu.

Quel succès pouvais-je obtenir ? Pour dégrever les classes populaires, la classe qui gouverne aurait dû consentir à se sacrifier elle-même.

Les *Décius* ont toujours été rares. On n'en rencontre même qu'un dans l'histoire, et encore est-ce dans l'histoire ancienne. Mais les *Décius* financiers! au XIXe siècle! c'es introuvable! Il n'y aura donc, et il ne peut y avoir de réforme politique, et voilà pourquoi j'en reviens toujours à celle-ci.

En attendant, il n'en est pas moins révoltant de penser que notre luxe ornemental est prélevé, pour la plus grande partie, sur le travail du prolétaire, le salaire de l'ouvrier et jusque sur l'aumône du pauvre!

Quoiqu'elle n'ait pas abouti, je ne puis m'empêcher de rappeler l'habile tentative de la fiscalité pour ramener la Belgique aux douceurs du populaire régime des droits-réunis. A la vivacité de mes attaques contre le projet d'impôt sur le tabac, on aura peut-être supposé que la question était pour moi une question personnelle. Il n'en était rien cependant. Je ne fume pas, je ne puis supporter la fumée de tabac et je partage l'opinion du docteur Fiévez sur ses pernicieux effets. Ce savant compatriote, devenu l'un des médecins les plus distingués de Paris, a, on le sait, démontré dans un traité *ex professo*, basé sur l'observation des faits, que l'abus du tabac n'était pas moins funeste à l'intelligence qu'au corps, qu'il serait aussi fatal à l'Europe que l'opium à la Chine, et qu'il ferait descendre la race blanche au niveau des Peaux-Rouges, auxquels on aurait bien dû laisser cette détestable habitude.

Je ne citerai que pour mémoire l'appui que j'ai donné à la réforme postale et à l'affranchissement financier du pays par l'adoption des souscriptions nationales pour les emprunts. C'étaient là des causes gagnées d'avance. Il n'y avait ni mérite, ni courage à les défendre.

8. *Taxes sur l'introduction des céréales, du bétail et des subsistances.*

C'est le complément des taxes indirectes, dont nous venons de faire la critique. Seulement, ce n'est plus l'Etat qui en profite exclusivement, c'est encore, je ne dirai pas l'agriculture mais la propriété foncière.

Deux années d'abondance avaient naturellement et heureusement produit la baisse des céréales et le pain à bon marché, quand apparut, le 18 février 1845, la fameuse proposition des vingt et un. Je respecte, aujourd'hui comme alors, les intentions de leurs auteurs ; elles étaient sans doute désintéressées et loyales ; mais, enfin, l'augmentation de droits qu'on réclamait, n'en était pas moins une taxe sur les classes pauvres en faveur surtout de la propriété territoriale et de la richesse. Elle devait avoir pour effet de produire le renchérissement du grain et du pain, par suite l'accroissement du paupérisme et de la mortalité, et peut-être aussi, aux époques de crise, des réactions populaires et de sanglantes émeutes. Je le croyais du moins, et je l'ai dit avec l'énergie que j'ai toujours apportée dans l'expression de mes convictions.

Et pendant que la Chambre était saisie de l'examen de la proposition des vingt et un, le Sénat, dans des vues de prudence et de conciliation, je le reconnais, s'était empressé de nous gagner de vitesse en votant une proposition plus modérée. Elle n'en était pas moins inconstitutionnelle. L'art. 27 de la Constitution réserve en effet formellement à la Chambre des Représentants l'initiative pour les lois relatives aux recettes de l'État. L'on aurait voulu éluder cette question qui était de nature à soulever un conflit d'attributions ; mais comme cette tentative d'usurpation s'était déjà produite à l'occasion des droits différentiels, j'ai cru devoir la dénoncer et la combattre. (5 mai 1845.)

Le ciel réservait une grande leçon à tous ces

partisans de droits exagérés sur les denrées alimentaires. Quelques mois plus tard, l'abondance avait disparu et la misère frappait à nos portes avec son triste cortège en haillons. La récolte était manquée ; une véritable peste empoisonnait la pomme de terre ; on convoquait à la hâte les Chambres en session extraordinaire, et le rapporteur de la proposition des vingt et un, devenu ministre des finances, venait nous proposer lui-même la libre entrée des céréales et la prohibition de sortie des pommes de terre.

9. *Politique commerciale et traités de commerce*

Il y a solidarité entre toutes les réactions comme entre tous les progrès sociaux. La réaction, qui triomphait dans l'ordre politique, se retrouvait donc également dans la sphère des intérêts industriels et commerciaux.

C'était, en effet, le bon temps pour les partisans de la protection et des prohibitions. On ne se contentait pas d'aggravations de tarifs, on aurait voulu le droit de visite et l'estampille, et l'on allait même jusqu'à réclamer des pénalités plus sévères contre la contrebande. Oui, très-sérieusement, il m'a fallu prendre un jour la parole pour prouver qu'on ne pouvait, en conscience, frapper d'une peine plus sévère que le vol, qui est la violation du droit de propriété, la contrebande qui, à la rigueur, pourrait passer pour une protestation, irrégulière sans doute, en faveur de ce droit, car, s'il est inviolable et sacré, il ne devrait certes pas reconnaître de frontières. Le communiste, ici, c'est le douanier.

Ce fut surtout à l'occasion des droits différentiels que la lutte entre les deux principes, le principe de liberté et le principe réactionnaire, s'engagea avec le plus de vivacité. Pour cette discussion on avait d'abord réclamé le comité secret ; il s'agissait, en effet, d'une sorte de déclaration de guerre commerciale à la Hollande. Dans le comité secret, comme plus tard en séance publique, je m'étais élevé contre cette politique de routine et d'antagonisme, qui isole les peuples, provoque les guerres de tarifs, paralyse le progrès, exploite les consommateurs et est la principale cause des crises industrielles et des souffrances des classes ouvrières. Eh bien, pour avoir reproduit toutes ces vérités, devenues aujourd'hui des lieux communs, je fus presque dénoncé comme un ennemi de notre nationalité ; et sur tous les bancs, on m'accusa de vouloir ruiner le marché intérieur, écraser le travail national et sacrifier à une utopie toutes ces classes ouvrières, que j'avais la prétention de défendre. Les utopistes n'étaient-ils pas ceux qui voulaient fermer des frontières ouvertes de tous les côtés, et faire de notre industrieuse Belgique la miniature du Céleste Empire ?

Le ministère, tout naturellement, se laissait traîner à la remorque par la majorité de la Chambre. Sa politique commerciale avait un autre tort à mes yeux. Elle n'était pas assez sympathique pour la France et la Hollande, qui formaient nos principaux débouchés, et elle l'était trop pour l'Allemagne, qui ne nous offrait pas les mêmes avantages.

Aussi, si j'ai attaqué avec tant d'insistance le traité de commerce avec le Zollverein, c'est parce que je croyais apercevoir dans les profondeurs de ce traité la pensée secrète d'absorber la Belgique dans l'association allemande, et de rendre ainsi à tout jamais impossible l'union douanière avec la France dont on parlait alors.

Ce traité a, du reste, été salué en Allemagne comme un triomphe et a valu à ceux de nos ministres qui l'avaient signé, les plus hautes distinctions. C'est à cette occasion, on se le rappelle, qu'ils ont été élevés au rang.... d'aigles, et même d'aigles de première classe. Ce qui prouve, pour reproduire une vieille plaisanterie, qu'on me pardonnera sans doute, qu'en s'occupant des intérêts allemands, ils n'ont pas travaillé pour le roi de Prusse.

Ce n'était pas seulement sur les ministres que retombaient mes attaques et mes épigrammes, c'était encore sur la douane, qui n'était, après tout, que l'instrument passif de lois tracassières. Habitant l'extrême frontière, j'avais eu à subir, pendant une partie de ma vie, les ennuis, les vexations et les humiliations de cette inquisition fiscale. Aussi, bien souvent, m'est-il arrivé de me répandre, à cet égard, en doléances interminables ; et c'est avec le plaisir de la vengeance satisfaite que je l'ai attachée, un beau jour, au pilori, pour lui demander compte de ces honteux attouchements sur le corps, et de ces flétrissantes visites de la personne, que les autres peuples avaient repoussés avec dégoût, et qui n'étaient plus tolérés qu'en Belgique.

10. *La loi sur la chasse.*

Je puis, ce me semble, sans trop forcer la transition, arriver du régime protecteur en matière d'industrie au régime protecteur en matière de chasse ; car là aussi il s'agit de privilèges, et même de privilèges qui rappellent l'ancien régime, bien autant que cette horrible mainmorte qui nous a fait trembler pendant quinze ans.

Ce n'était certes pas une mesure progressive que la circulaire de 1842, qui travaillait sournoisement à rétablir, en faveur de la grande propriété, l'un des plus beaux droits du seigneur.

Ce n'était pas non plus une loi bien libérale que cette loi sur la chasse, encore tout imprégnée des souvenirs aristocratiques de l'Angleterre, qu'on vint, en 1846, soumettre à notre examen.

Elle n'en fut pas moins accueillie avec autant de reconnaissance que d'émotion par l'élite des chasseurs de la Chambre. Les loups étaient devenus des agneaux ; ils s'étaient même transformés en professeurs de morale publique ; car c'est surtout au nom de la morale qu'on demandait la proscription de cet infâme braconnage. Cette sainte loi, elle ne devait pas même être discutée, mais votée, votée immédiatement et d'enthousiasme ! J'ai pris la liberté grande, cependant, d'arrêter, pendant une heure, ces impatiences, pour faire la critique d'une loi qui violait à la fois la propriété, le domicile et la liberté. Elle n'en fut pas moins adoptée à la presque unanimité. Je me suis consolé en pensant qu'elle ne serait pas exécutée, et que les plus ardents à la voter seraient les premiers à la violer. (21 janvier 1846.)

11. *La propriété et la liberté*

Le projet de loi sur l'expropriation, la vente et le défrichement des biens communaux avait réveillé une question vieille comme le monde, en mettant en présence la propriété et le communisme. Dans cette circonstance, et sans trop s'en douter, le plus conservateur de tous nos ministres s'était fait le continuateur des Gracques, et son projet de loi semblait une réminiscence des lois agraires. C'était, seulement, une loi agraire renversée, car elle sacrifiait les pauvres aux riches. Son but était d'abandonner au plus offrant, c'est-à-dire au plus riche, la propriété des biens dont les habitants des communes avaient joui jusque-là, en commun. C'était donc l'expropriation, et l'expropriation sans indemnité, du dernier droit du pauvre.

Tous les conseils communaux intéressés dans la question avaient protesté contre la vente et réclamé le partage. J'avais, naturellement, appuyé leur réclamation, sans toutefois porter le culte de la propriété jusqu'au fétichisme, comme certains membres de l'assemblée. J'avais même cru devoir leur rappeler que le droit de propriété, quelque respectable qu'il fût, n'en était pas moins soumis, comme toutes les choses humaines, à la loi du progrès; que, toujours, il avait dû se modifier selon les temps, les lieux, les exigences de la civilisation; et que même certain peuple de l'antiquité l'avait rayé complétement de ses institutions. Qui ne connaît les lois de Lycurgue? Et le christianisme lui-même n'a-t-il pas commencé par le communisme?

C'étaient donc là des vieilleries historiques renouvelées des Grecs : elles n'en passèrent pas moins pour des témérités dangereuses; et un membre se chargea de les foudroyer de son éloquence et de son indignation. Et quel fut cet impitoyable exécuteur des hautes-œuvres de la propriété? Un ami politique, comme toujours; celui-là, précisément, qui avait défendu les théories socialistes de l'impôt progressif et du droit au travail, et qui, sans cesse, agitait sur nos têtes la menace de la dîme et de la mainmorte, dont il aurait dû tout le premier provoquer le rétablissement avec l'interminable cortége des droits féodaux, si la propriété avait été, comme il prétendait, un droit absolu, immuable, sacré, presque divin.

Pour toute réponse, je me suis contenté de faire ressortir ses contradictions et ses inconséquences. La propriété n'était pas attaquée; elle n'avait pas besoin d'un avocat d'office, et elle est certes assez forte, dans tous les cas, pour se défendre elle-même. Aussi ai-je exprimé le vœu, en terminant cette longue discussion, que quelques-unes des garanties qui protègent la propriété fussent étendues à la liberté individuelle, qui me paraît, après tout, un droit bien aussi sacré et inviolable que le droit de propriété.

L'expropriation d'un seul mètre de terrain exige l'intervention du pouvoir judiciaire et le payement d'une juste et préalable indemnité. Et il n'y a pas d'indemnité pour l'innocent qu'on a ruiné et flétri en l'enfermant, pendant des mois entiers, dans une prison! et il n'y en a pas davantage pour les 100,000 Belges, que le caprice du sort ou d'un ministre de la guerre peut exproprier, non-seulement de leur liberté, mais encore de leur vie!

De tels contrastes ne blessent-ils pas tous les sentiments de justice? Ne démontrent-ils pas surtout l'urgence d'une réforme électorale qui permettrait enfin aux prolétaires de défendre, comme les propriétaires, leurs intérêts et leurs droits?

12. *L'enseignement primaire et universitaire. La presse.*

Je voudrais pouvoir me reposer de ces critiques, et surtout des fatigues de mon long voyage, dans la sphère sereine des idées, des études et de l'enseignement. Mais c'est là précisément qu'existent les luttes les plus passionnées. Puissent-elles, du moins, tourner à l'avantage des classes qu'il s'agit d'introduire et d'émanciper.

Le Hainaut avait eu l'honneur d'inaugurer la féconde application du concours à l'enseignement primaire, dès l'année 1836. La loi de 1842 sur l'enseignement primaire s'était appropriée cette innovation; mais la disposition de la loi n'était pas exécutée, et j'en ai réclamé l'application.

Malgré les passions ardentes, qu'elle déchaînait, j'ai refusé de voter sur l'insoluble question des jurys universitaires. J'avais toujours été d'avis que, dans un siècle et dans un pays qui repoussent le principe d'autorité et d'infaillibilité, l'existence de jurys appelés à juger les doctrines philosophiques, scientifiques, littéraires, médicales, juridiques et même politiques, était parfaitement incompatible avec la liberté d'enseignement, l'indépendance de la pensée et la libre manifestation des opinions. J'avais même, en 1836, écrit une longue brochure pour le prouver, et je ne pouvais, en 1844, que persister dans mon opinion. Ajouterai-je qu'au fond les parchemins universitaires ne m'inspirent pas plus de confiance que les autres? J'en ai deux qui ne m'ont jamais servi; et, en conscience, je ne crois pas que la suppression des diplômes officiels exposerait la société à manquer d'avocats et de médecins, et qu'elle s'en porterait plus mal.

Elles nous coûtent cher nos deux universités, qui n'auraient pu que gagner à une fusion. J'ai vu dans le manifeste ministériel du 3 août, que le budget de l'enseignement supérieur s'élevait, en 1864, à 1,077,000 francs; un beau chiffre, ma foi! Près de onze cent mille francs pour 500 élèves peut-être, appartenant à la classe privilégiée. Plus de 2,000 francs par tête!

Et la dotation de l'enseignement primaire, où en est-elle! On nous dit bien, dans le même document, qu'on l'a doublée depuis 1858. Mais encore une fois, quel en est le chiffre? Nous savons ce qu'on fait pour les cinq cents privilégiés. Il nous reste maintenant à savoir ce qu'on fait pour les cinq cent mille enfants du peuple, et ce qu'est en réalité ce grand zèle pour l'enseignement gratuit et obligatoire, *obligatoire*, je suppose pour le riche comme pour le pauvre; car combien, parmi nos privilégiés, auraient besoin d'être envoyés à l'école primaire de la liberté et de l'égalité !

Au-dessus de tous les enseignements se placent les enseignements de la presse qui est chargée, elle, de l'éducation politique des citoyens. On l'a appelée souvent le quatrième pouvoir de l'État ; elle en sera le premier le jour où elle se montrera indépendante et juste. Et cependant elle n'en était pas moins grévée d'un impôt onéreux. Le timbre était une véritable taxe sur l'intelligence, la pensée, l'expression des opinions et l'enseignement politique. Dans un pays libre, c'était un choquant anachronisme. Chacun le reconnaissait. Je n'ai donc eu d'autre mérite que d'être l'interprète de la pensée commune, en réclamant la suppression dès le mois de mars 1844.

Ne puis-je pas également rattacher à l'enseignement la libre diffusion des livres, en faveur desquels j'ai proposé une exception, quand on a discuté les dispositions prohibitives de la loi sur les ventes à l'encan?

13: *Diplomatie, affaires étrangères.*

Dans ma course quelque peu vagabonde, on me permettra sans doute de passer de l'enseignement, du haut enseignement surtout, à la diplomatie qui exige également des preuves de capacité et des examens qui feraient sourire nos vieux diplomates.

Déjà, j'en ai parlé, et je n'ai plus grand'chose à en dire. Depuis que la Belgipue a accepté la loi de la neutralité, la diplomatie nous est à peu près aussi utile que l'armée, puisqu'on confie à des commissaires spéciaux les négociations commerciales, les seules qui nous soient permises, et les missions secrètes à des envoyés extraordinaires. Je lui en veux surtout d'avoir absorbé deux de nos notabilités intellectuelles. Quels beaux travaux historiques et littéraires nous eussions eu à lire et à admirer, si M. Nothomb et Van de Weyer, au lieu de devenir de graves et silencieux diplomates, étaient restés de savants et éloquents écrivains !

Mais la diplomatie, et même une fastueuse diplomatie, n'est-elle pas le premier des besoins du luxe et de l'ostentation monarchique?

. . . . . La chétive pécore
S'enfla si bien qu'elle creva.

Qui de nous n'a ri du sort de l'ambitieuse grenouille? Et, cependant, on l'imite :

Tout bourgeois veut bâtir comme les grands [seigneurs,
Tout petit prince a des ambassadeurs,
Tout marquis veut avoir des pages.

Il a donc fallu à la Belgique des ministres plénipotentiaires. Notre jeune et vigoureuse diplomatie avait en 1831, à chevaucher, chaque jour, à franc-étrier à travers l'Europe et à recevoir le feu croisé de vingt protocoles. Elle nous coûtait six fois moins que cette diplomatie qui a pris du ventre en vieillissant et qui, en 1847, n'avait plus qu'à s'enfermer dans son cabinet pour tailler des plumes, bâiller et dormir, comme dit Figaro.

Et quand elle se reveille, c'est pour nous apporter quelque nouvelle sinistre.

Dans un rapport qui nous fut présenté, en 1835, je crois, sur un subside demandé en faveur des réfugiés polonais, on avait pris des précautions infinies pour cacher la nationalité de ceux qu'il fallait secourir. L'auteur du rapport, brave et loyal Belge cependant, portait un nom espagnol des plus pompeux. Je n'ai pu m'empêcher de me moquer très agréablement de ce fier Castillan, de ce descendant du Cid, qui n'osait pas même citer le nom de la Pologne dans une Chambre Belge, comme s'il avait craint le knout ou la déportation en Sibérie.

Depuis, le nom de la Pologne a été prononcé dans cette Chambre, mais c'était pour le souffleter dans la personne de ceux de ses enfants qui étaient venus se placer sous la protection du drapeau belge : ne fallait-il pas acheter les hautaines faveurs de la Russie au prix de la plus dégradante concession?

Encore un service de la diplomatie! Puisse t-il être le dernier!

14. *Colonisation et marine.*

Alexandre étouffait dans la vieille Europe. Nos ministres actuels étouffent dans la petite Belgique. Les lauriers de Risquons-Tout ont vieilli, nos sauveurs ont si souvent sauvé le pays, qu'il n'a jamais été plus malade, plus divisé et plus épuisé; le moment était donc venu de rafraîchir leur gloire. Il y a quelques années, on avait eu la velléité de faire la conquête de la Chine; cette fois, il paraît que nos grands hommes ont voulu, très sérieusement, devenir les anges exterminateurs de toutes les républiques d'Amérique du Sud, les sauveurs, les restaurateurs et les protecteurs de l'empire de Montézuma. Il a suffi d'un souffle de l'opposition pour faire évanouir tous ces ambitieux projets. Pardonnons-les leur, car leurs prédécesseurs leur en avaient donné l'exemple.

En 1844, on aspirait à conquérir l'Abyssinie, à coloniser Guatemala et sans doute aussi à percer l'isthme de Panama. Les imprudents! Ils ne se doutaient pas qu'ils allaient, peut-être, par la réunion des mers, déplacer l'axe de la terre, provoquer un nouveau déluge et noyer notre Belgique et l'Europe par dessus le marché. Pour soutenir l'entreprise de la colonisation, on avait adressé un appel officiel aux communes et aux bureaux de bienfaisance. On les engageait à confier leurs capitaux à cette nouvelle Compagnie des Indes. Heureusement, trois actions seulement furent prises, et la Compagnie de Guatemela eut le sort de la fameuse Compagnie du Mississipi. (28 novembre 1844.)

Auparavant, le ministre de l'intérieur avait tenté un petit coup d'Etat maritime. Son but était sans doute d'annexer à son ministère l'important ministère de la marine. Mais pouvait-il se contenter de commander une flotte de deux goëlettes, de deux canonnières et de trois cents matelots? Il n'hésita pas, et voulut absorber d'un seul coup toute la marine marchande, en réclamant le privilège de faire subir des examens à ses officiers et d'être ainsi en réalité l'unique distributeur des grades. Pour justifier cette usurpation, on invoquait l'intérêt des jeunes savants des écoles de l'Etat et la nécessité de mettre un terme à la concurrence que leur faisait l'expérience des vieux marins, et la confiance dont ils étaient l'objet de la part des armateurs.

Pouvait-on laisser passer sans protestation ce nouvel envahissement, et surtout l'imprudent appel qui, s'il avait été entendu, aurait dévoré jusqu'au patrimoine des pauvres? (10 juin et 28 novembre 1844.)

15. *Destitution des fonctionnaires.*

S'il faut en croire M. de Mérode, l'inventeur du *système destitutionnel*, comme il l'appelait, aurait été un ministre doctrinaire. On doit convenir cependant que le catholique ministre de l'intérieur de 1846 ne se fit aucun scrupule de s'emparer à son tour de cette libérale tradition. Des fonctionnaires honorables furent brutalement frappés de destitution. Tout leur crime était de faire partie de la société de l'Alliance.

Ces destitutions avaient soulevé l'opinion publique. Elles m'ont aussi inspiré l'une de mes plus violentes philippiques, si je puis me servir de ce mot un peu ambitieux, que j'ai terminée en ces termes :

« Non, non, Monsieur Malou, le flot ne s'est » pas retiré, comme vous l'avez dit, après avoir » laissé sur la plage quelques misérables débris. » Non, non, le flot n'est pas venu se briser à » vos pieds pour saluer votre triomphe. Si le flot » ne monte pas en ce moment, il s'agite du » moins, il bouillonne, et déjà il présage la tem- » pête qui doit vous balayer, vous, le ministère, » votre intolérance et vos iniquités, si vous con- » tinuez à marcher dans les voies de l'arbitraire » et de la violence. »

Cette fois, ma prédiction s'est réalisée. Quelques mois plus tard le ministère succombait. Mais le principe des destitutions arbitraires et de la servitude politique des fonctionnaires n'en renaissait pas moins, comme le phénix, de ses cendres, pour venir s'épanouir récemment dans le programme conservateur et obtenir l'honneur d'une haute sanction.

16. *Responsabilité des ministres.*

Quel moyen d'obtenir le redressement des

griefs, aussi longtemps que la responsabilité des ministres sera la plus grande des jongleries parlementaires ?

Si elle existait, chaque jour on devrait en faire l'application, et requérir l'accusation et la condamnation au moins d'un ministre. Il ne se passe pas de jour en effet sans que la loi soit violée, ne fût-ce que par cette interminable série de dépenses irrégulières, pour lesquelles on vient ensuite réclamer de la complaisance des Chambres, qui jamais ne les refusent, les crédits extraordinaires, supplémentaires et même complémentaires.

La loi des douze tables voulait que le débiteur payât *aut in ære aut in cute*. Si on l'avait appliquée à nos ministres depuis trente ans, le chiffre des condamnations qu'ils auraient dû subir aurait été plus important que celui de tous nos budgets réunis ; et nous pourrions aujourd'hui faire imprimer sur peau de ministre, la Constitution et le code de la responsabilité des ministres et des fonctionnaires.

Malgré ma ministrophobie, je n'ai jamais réclamé, Dieu m'en garde, l'application de la loi des douze tables à nos ministres prévaricateurs. Seulement, j'aurais voulu qu'on fît un exemple, non seulement pour l'arrêté illégal sur les livrets, dont j'ai parlé, mais pour d'autres arrêtés non moins illégaux du ministre des finances de 1846.

Ces arrêtés, à l'instar de l'arbitraire de la fiscalité hollandaise, dont ils invoquaient les précédents, avaient bouleversé une partie de nos tarifs douaniers dans l'intervalle des sessions. S'il s'était agi d'une mesure de salut public, j'aurais compris, sans toutefois l'absoudre, la violation de la loi. Mais quel était le but de ces flagrantes illégalités ? Uniquement de faire acte d'autorité et de repousser de notre pays, non pas l'invasion française, mais celle de la moutarde, des allumettes chimiques, des vessies natatoires, des œufs de poissons confits, des scorpions séchés, et tout spécialement celle des momies, des manequins et des automates mécaniques qui nous arrivaient de France. (7 et 8 février 1848.)

C'était risible et triste à la fois. Il faut rire sans doute de ces misérables futilités ; mais on ne peut s'empêcher de s'attrister et de se désespérer, en se rappelant que, toutes ces innombrables violations de la loi ont été impunies, et, qu'en trente ans, on n'a pas fait une seule application de la responsabilité ministérielle.

Comment, au reste, aurait-on pu l'appliquer ?

La loi organique de la responsabilité n'existe pas, malgré l'engagement formel de la Constitution, qui se trouve ainsi elle-même violée depuis trente ans. Aussi, pourra-on profiter de sa révision pour en effacer cet article. Ce serait un mensonge, et même une mystification en moins.

Il s'agit bien, vraiment, de responsabilité et de condamnations pénales ou pécuniaires ! Est-ce que tous ces ministres qui, depuis trente ans, ont courageusement violé nos lois, nos droits, nos libertés, nos intérêts, n'ont pas tous également bien mérité de la patrie? Votez-leur donc des pensions exceptionnelles et des récompenses civiques; en attendant qu'on leur élève des monuments et des statues, qui pourraient bien avoir le sort des trois cent soixante-cinq statues de Démétrius, de Phalère.

17. *Le pouvoir civil.*

Tous ces ministères, si fiers et si braves, quand il s'agissait de fouler aux pieds les lois et les intérêts du pays, n'en étaient pas moins la proie et le jouet d'influences occultes bien autrement redoutables. L'étaient-elles, en réalité, autant qu'on le prétendait? Je n'oserais trop l'affirmer aujourd'hui, surtout après un absence de seize ans. Ces influences, c'était un peu celle de revenants d'un autre âge; et comme l'a dit le spirituel correspondant du *Temps :* Il fait trop clair aujourd'hui pour que les revenants puissent effrayer personne. Il est vrai qu'à la Chambre, je n'ai jamais trouvé ce rayonnement de clarté, et que vingt fois, avec ma mauvaise vue, j'ai eu, au contraire, à me plaindre du *clair-obscur* qui y règne. Aussi doit-on me pardonner, malgré mes rodomontades de tribune, d'avoir eu peur, et une terrible peur encore. Pendant cinq ans, je me suis mis à poursuivre à outrance et à frapper d'estoc et de taille tous ces fantômes qui, heureusement pour eux et pour le repos de ma conscience, ne paraissent pas s'en porter plus mal aujourd'hui.

Que ceux qui doutent de la vigueur des coups que je leur ai portés, veuillent bien lire les discours que j'ai prononcés dans les séances des 31 janvier 1845, 21 et 28 avril et 19 novembre 1846.

Le seul reproche, qu'ils pourront m'adresser, c'est d'avoir, cette fois encore, dépassé le but, et oublié peut-être le respect qu'on doit aux grandeurs déchues, aux convictions sincères et à des institutions qui ont joué un si grand rôle dans l'histoire de la civilisation et de l'émancipation des peuples. Les fautes et les passions des hommes ont pu les compromettre; elles n'en représentent pas moins la majesté d'un passé de dix-huit siècles, la foi de vingt générations, le sang de millions de martyrs et les doctrines de dévouement et de fraternité qui ont régénéré l'humanité aux beaux temps de la primitive. Église.

18. *La centralisation. L'État.*

J'ai défendu l'indépendance de l'État lorsque je l'ai crue menacée; mais ce n'était pas pour lui sacrifier l'indépendance des citoyens, des communes, des provinces et toutes ces libertés, qui font la force de l'homme et la grandeur des peuples.

La centralisation était donc ma bête noire, pour me servir d'une expression vulgaire; aussi l'ai-je poursuivie sous toutes les formes, aussi bien dans la sphère des intérêts politiques que dans celle des intérêts matériels.

La centralisation politique, poussée à sa dernière conséquence, c'est le despotisme de l'État, absolu et universel, s'étendant à toutes les libertés et même, s'il pouvait, à la pensée, à la conscience et à l'âme.

Dans l'ordre matériel, la centralisation, c'est le gaspillage des fonds publics, la corruption et la vénalité organisées à tous les degrés de la hiérarchie administrative, l'exaltation du favoritisme et de la mendicité officielle, l'oppression de la liberté et du travail, l'etouffement de l'initiative individuelle et la confiscation indirecte de la propriété.

Toutes les deux réunies finiraient par faire tomber les peuples et les gouvernements de l'Europe au niveau des peuples et des gouvernements les plus stupides de l'Orient.

J'avais attaqué le ministre de l'intérieur de 1844, qui était pour moi l'incarnation de la centralisation politique ; aussi n'ai-je pu m'empêcher d'attaquer, même à l'époque de notre confraternité politique (26 avril 1845), le créateur du chemin de fer belge, ce triste spécimen de l'incapacité gouvernementale, qui a coûté, peut-être, le double de son évaluation, découragé le zèle individuel, retardé l'avènement d'un bienfait national, entraîné une organisation aussi compliquée que dispendieuse et choisi une impasse pour point central de nos voies ferrées.

Ce n'est là, toutefois, qu'une bévue et une perte d'argent faciles à réparer ; mais ce qui est irréparable, ce sont les atteintes portées à la moralité publique et à l'indépendance des caractères par un système exagéré de subsides et de subventions, qui permet aux dépositaires du pouvoir de disposer de la fortune publique au gré de leurs caprices, de leurs intérêts et de leurs passions. Comment résisteraient-ils à la tentation d'user de ces ressources et de tous leurs autres moyens d'influence, pour satisfaire leurs sympathies et leurs haines, récompenser leurs partisans et frapper leurs adversaires? Et, alors, la corruption, descendant des ministres sur les Chambres, et des Chambres sur les colléges électoraux, se répand sur le pays comme une lèpre immonde; on entend un Walpole se vanter de posséder le tarif des consciences, et l'on voit les gouvernements s'enfoncer dans la boue sous le poids de l'irritation et du mépris.

N'en finirons-nous donc jamais avec cette vieille tradition du despotisme antique, qui fait de l'Etat une espèce de Moloch, à qui il faut sacrifier, non-seulement les biens et les droits, mais encore le sang, la vie et l'âme des citoyens? On s'effraie du communisme, et l'on ne voit pas que la centralisation y conduit et qu'elle en est même le commencement.

19. *Armée. Réformes militaires. Anvers.*

J'ai réservé pour la dernière cette grosse question militaire. J'aurais bien voulu pouvoir éloigner de mes lèvres ce calice d'amertume, mais je dois me résigner à le boire jusqu'à la lie, comme le pays tout entier. Ne prolongeons pas, du moins, la torture et, sans nous arrêter au budget de la guerre, contre lequel j'ai invariablement voté, allons droit à la loi d'organisation de l'armée, qui nous fut présentée dans le cours de la session de 1845.

Au lieu d'être une loi protectrice des droits de l'armée, c'était une loi violatrice des principales prérogatives de la Chambre. Les règles de l'avancement et la garantie des grades n'y étaient pour rien. Il s'agissait uniquement, en fixant les cadres d'une manière définitive et permanente, et en les fixant pour une armée de cent mille hommes, d'enlever indirectement à la Chambre le droit de voter le budget de la guerre, le contingent annuel et la réduction des dépenses militaires. C'était, en un mot, la création d'une armée inamovible de généraux et d'officiers, avec une dotation plus immuable que la liste civile elle-même, puisque celle-ci n'est votée que pour un règne et que l'autre l'était à perpétuité.

Que d'efforts n'ai-je pas faits pour rappeler la majorité au sentiment de ses droits et de ses devoirs et empêcher un véritable suicide parlementaire! J'ai réclamé la discussion préalable de la convention de 1831 relative à la démolition des forteresses, puisqu'elle devait réagir sur l'organisation même de l'armée. J'ai demandé qu'on rattachât à l'organisation de l'armée l'organisation et la mobilisation de la garde civique, puisqu'elle aussi est chargée de la défense du pays. Enfin, en désespoir de cause, j'ai proposé, pour nos forces militaires, une organisation démocratique et qui, comme en Suisse et en Prusse, fît justice de l'absurdité du tirage au sort et de l'iniquité du remplacement. Tous mes efforts ont échoué et la loi a été votée par une majorité empressée de déposer sa démission entre les mains du pouvoir militaire.

Un grand écrivain a déclaré qu'il avait autant d'horreur de la guerre que de l'échafaud. Elle devrait en inspirer bien plus encore : la guerre verse à flots un sang généreux et pur, et l'échafaud ne tue, ou, du moins, ne devrait tuer que les grands criminels.

Je n'aime pas la guerre, et, malgré de sanglantes déceptions en Europe et en Amérique, je n'en persiste pas moins à croire que nous marchons avec la civilisation, et surtout avec les chemins de fer et la liberté, à l'affranchissement, à l'alliance, à la fraternité et au désarmement des peuples. Je désire donc la suppression des armées permanentes, qui, partout et toujours, ont été pour la liberté le plus redoutable des dangers.

Je n'en estime et n'en honore pas moins cependant le courage et le dévouement militaires. Ce sont les seuls qui restent à notre société, dans un moment où l'indépendance et le dévouement civiques sont devenus des mythes.

Mais enfin à quoi nous a servi, en définitive, tant de dévouement, de courage, de science et d'intelligence?

En trente ans, les dépenses militaires ont absorbé quinze cent millions peut-être, et il a fallu arracher à leurs travaux et à leurs familles plus d'un million de citoyens.

Encore une fois, quels ont été les résultats de ces immenses sacrifices en hommes et en argent?

Je ne rappellerai pas la douloureuse journée du 10 août 1831, et cependant j'aurais le droit de le faire. On a cité l'opinion de Wellington; on a dit que l'enthousiasme ne pouvait produire autre chose que le désordre. On a oublié que c'est avec l'enthousiasme que nos volontaires ont fait la conquête de Bruxelles et de Venloo, et que c'était aussi avec l'enthousiasme que les volontaires républicains, ces soldats d'un jour et ces généraux de vingt ans, avaient vaincu les vétérans des monarchies absolues et brisé la coalition européenne.

Jetons donc le voile sur cette fatale journée.

Mais comment ne pas parler de 1839? Alors on avait une armée nombreuse, brave et disciplinée, commandée par des chefs expérimentés et vaillants ; on venait de faire appel à son courage et d'engager solennellement l'honneur national, et cette armée de 120,000 hommes, qui ne demandait qu'à verser son sang pour la défense et l'honneur du pays, on l'a fait assister, l'arme au bras, l'indignation et la douleur au cœur, à une humiliation qui n'a pas d'exemple dans l'histoire, et cent fois plus poignante que la défaite la plus honteuse. Cette tâche de boue n'a pas même été mêlée d'un peu de sang! On l'a imprimée au front de notre nationalité, et on n'a pas craint de la raviver depuis, en chassant des rangs de l'armée les officiers polonais qui étaient venu nous offrir la vie.

Et après avoir mutilé et outragé la nationalité, il semble qu'on veuille aujourd'hui conspirer contre elle, en la lançant au milieu des écueils les plus redoutables.

Anvers, en effet, Messieurs les Ministres, Anvers! Ce n'est pas seulement une somme de cent millions—soixante pour les fortifications, vingt pour l'armement, vingt pour les casernes, hôpitaux, etc. — jetée dans des travaux absurdes, suivant les spécialités militaires, qui ne sont pas plus en état de soutenir l'assaut d'un assiégeant que les vieilles murailles de Jéricho, et qui, dans quelques années, auront le sort des fortifications de Mons et de Charleroy.

Anvers ! Ce n'est pas seulement l'une des plus nobles et des plus riches villes du monde, livrée avec ses richesses, ses monuments et ses musées, aux horreurs d'un bombardement et aux dévastations de la guerre.

Anvers, avec ses 40 kilomètres de fortificatons, ses camps retranchés et son amas de citadelles, ce n'est pas seulement, comme on l'a dit, une *monstruosité digne de la risée de l'Europe* ; c'est encore la double violation du traité de Paris, du 30 mai 1814, et de l'art. 15 du traité de Londres, du 15 novembre 1831, déclarant que le port d'Anvers continuerait d'être uniquement un port de commerce !

Anvers, aujourd'hui, c'est l'anéantissement de la neutralité, et un acte de vassalité en faveur d'un gouvernement étranger, qui vient encore de prouver, dans la question danoise, avec quel héroïsme il sacrifie pour ses protégés jusqu'ici son dernier homme et sa dernière guinée.

Anvers! c'est un appel permanent à l'invasion, le pays tout entier abandonné à qui veut s'emparer, et l'une des plus admirables positions militaires et commerciales du continent livrée à l'Angleterre qui, depuis un siècle, la convoite.

Anvers enfin, pour reproduire une expression qu'on ne peut trop répéter, c'est le paratonnerre qui appelle la foudre, et qui l'appelle n'on pour l'éteindre, mais pour voler en éclats sous ses coups, et nous couvrir d'une pluie de fer et de feu.

Aussi, quand on placera la dernière pierre de ses murs, si jamais on y parvient, on pourra certes y graver le vers prophétique du poète latin :

Quos vult Jupeter perdere dementat.

Grâce au ciel, je n'ai pas eu la douleur d'être le témoin de ce vote fatal, et mon dernier vote, à la Chambre, a repoussé le crédit extraordinaire de neuf millions, qu'on était venu demander pour le ministère de la guerre. (4 avril 1848.)

J'ai donc terminé ma carrière parlementaire comme je l'avais commencée, en défendant les droits de la liberté et de l'égalité politique, les intérêts des contribuables, et en protestant une dernière fois contre ce désastreux système de prodigalité et d'imprévoyance qui, après s'être traîné, pendant trente ans, d'expédients en expédients, d'emprunts en emprunts et d'impôts en impôts, en était arrivé à sa dernière ressource : l'emprunt forcé et le papier monnaie. (4 avril 1848.)

Et maintenant que j'ai fini mon examen de conscience, je dois reconnaître que je suis, sans doute, destiné à mourir dans l'impénitence finale ; car je ne regrette aucun de mes votes, et ne pourrais me décider à désavouer aucune de mes opinions. Mais ce que je regrette, c'est la violence que je n'ai apportée que trop souvent dans la manifestation de ces opinions. Mes adversaires ont pu me la pardonner; mais après avoir relu, comme je viens de le faire, une partie de ces diatribes passionnées, je ne puis trop me la pardonner à moi-même. J'en ai du reste été puni le premier. Ma cause était celle des majorités, de la justice et du droit; si je l'ai si souvent perdue, c'est que je l'ai mal plaidée. Mes violences effrayaient et éloignaient de moi; le calme et la modération m'auraient peut-être gagné les intelligences et les cœurs, Voilà toute la moralité de ma revue parlementaire.

Que d'autres, plus heureux ou plus forts, continuent cette tâche, qui, chaque jour, est à recommencer; le peuple seul pourra l'achever un jour. Pour soulever cette écrasante pyramide d'abus et de préjugés séculaires, il faudrait la force réunie des trois géants de la mythologie grecque, Atlas, Encelade et Hercule.

IX

Le Ministère.

Je me suis trop longtemps abandonné, et je le regrette, au charme, et parfois aussi à l'amertume des souvenirs. Semblable au collégien qui fait l'école buissonnière, j'ai oublié le but principal de mon travail, pour m'arrêter à un compte rendu, qu'on prendra sans doute pour un article nécrologique ou un chapitre d'histoire ancienne; car qui se rappelle aujourd'hui des discussions parlementaires qui datent de vingt ans? Et qui se rappellera, dans vingt ans, les grands débats d'aujourd'hui?

Pour ne pas donner à ma lettre les proportions d'un volume, je me vois donc obligé de supprimer les pages que j'avais consacrées à l'examen du long gouvernement des doctrinaires. Ministère de quinze ans, et politique de vieillards, ainsi que le disait récemment Cobden aux ministres anglais! Quinze ans d'immobilité politique, n'est-ce pas, en effet, la vieillesse et même la décrépitude?

Le pompeux bilan de la politique ministérielle qu'on a publié avec tant de fracas pour les élections, était, en définitive, aussi vide que le bilan d'une faillite insolvable. En Belgique comme dans tous les pays du monde, la population, le travail, la richesse et la consommation s'étaient développés pendant quinze ans ; il y avait eu des excédants de revenus qu'on avait appliqués à quelques améliorations de détail, et spécialement aux travaux publics dans la province de Liége. Voilà tout. Dans ce bilan libéral, la liberté n'y figurait pas même pour mémoire et au chapitre des créances irrécouvrables. Et c'est pour célébrer ce merveilleux accouchement de la montagne en travail pendant quinze ans, qu'on est monté au Capitole pour remercier les dieux ! Il est vrai, ainsi que déjà on a eu l'occasion de le rappeler, que du Capitole à la roche Tarpéienne il n'y a qu'un pas.

La question religieuse seule a pris sous ce long ministère une importance qui absorbe tous les autres, comme si nous étions encore, en Belgique, en plein moyen-âge et qu'un monde nouveau ne fût pas sorti des flancs de la révolution française. Mais à part les débats acharnés qu'elle provoque pour faire croire, qu'en attaquant les influences du passé, elle représente le progrès et l'avenir, c'est encore et toujours, sous des noms différents, la même politique, la vieille et immuable politique réactionnaire. Inaugurée en 1831, par un ministère doctrinaire, après avoir été revue, corrigée et augmentée par vingt autres ministres de toutes les couleurs, elle est revenue, en 1848, à son point de départ.

Crescit eundo. Dans son cours elle s'est accrue d'une nouvelle force, car elle a eu le talent de confisquer à son profit un homme politique auquel je ne puis jamais penser sans un sentiment de regret et de douleur. Né dans les rangs du peuple, il aurait pu en être l'espoir, la force et l'honneur. Tête, cœur et bras, tout en lui semblait peuple, comme chez je ne sais plus quel héros de Plutarque. En un mot, il était destiné à devenir un tribun, et un admirable tribun. Un siècle auparavant, dans la ville de Liége, au milieu des luttes des *chiroux* et des *grignoux*, il eût sans doute été le chef du parti populaire et le vengeur de La Ruelle; et aujourd'hui, s'il l'eût voulu, comme le géant biblique, il eût pu, je crois, renverser à lui seul toute l'armée doctrinaire et réactionnaire.

Pour son malheur et celui du pays, il est appelé dans les conseils du pouvoir. Il en subit l'influence et le tribun du peuple devient l'homme de la cour. Lui, l'enfant de la démocratie, il repousse du pied sa mère; et la liberté et l'égalité politique n'ont pas d'ennemi plus implacable. En 1848, seul, dans le pays entier, il proteste contre une réforme électorale imposée, du reste, par une irrésistible nécessité; et, en 1864, c'est lui encore qui ne craint pas de lancer à la tête d'un million de Belges cet insultant sophisme : que le suffrage universel, dans un pays libre, c'est le despotisme.

X

Les lettres démocratiques

Il n'y a donc rien à attendre du plus inexorable adversaire des réformes politiques et de la Chambre, qu'il domine et gouverne.

Des réformes!... Mais, à l'exception *des esprits chagrins*, *des ambitieux mécontents et des utilitaires déclassés*, dont les satisfaits de Liége ont parlé avec tant de mépris, qui donc pourrait en réclamer encore? Quand on aura voté la fameuse proposition Orts, augmenté de six le nombre de nos illustrations parlementaires, imposé aux collèges électoraux l'A, B, C, doctrinaire, et ajouté l'indemnité à la prime de la vénalité, pour en doubler l'attrait, ne sera-t-on pas arrivé au dernier terme du progrès? Et ne se trouvera-t-on pas, en Belgique, dans le meilleur, le plus libéral, le plus moral des mondes possibles?

Mais, heureusement, il y a une tribune plus retentissante que celle de la rue de la Loi, la presse; et une puissance supérieure à celle des ministres et des Chambres, le pays.

La presse est libre, sans doute, en Belgique; nous jouissons, dans sa plus grande latitude, du droit de publier nos opinions, et, comme on voit, j'en use largement aujourd'hui et avec une prolixité, qu'on me pardonnera, j'espère, après un long silence.

Mais il ne suffit pas que la presse soit libre. Il faut encore que la presse, la presse la plus influente surtout, celle qui prétend faire l'éducation des citoyens et exercer un sacerdoce, la presse quotidienne enfin, soit indépendante, loyale et impartiale. Car si elle endosse la livrée du pouvoir ou des partis, si elle n'intervient dans les luttes que pour étouffer les opinions, taire ou dénaturer les faits, calomnier les intentions et opprimer les minorités, ce n'est plus la liberté, c'est le despotisme, et même le pire des despotismes : *optimi corruptio pessima*, comme dit Tacite.

Quant au pays — au pays officiel bien entendu — imitera-t-il toujours ce peuple frivole d'Athènes qui oubliait les affaires de la république, pour s'occuper exclusivement de la queue coupée du chien d'Alcibiade?

On vient de se passionner jusqu'à l'exaspération, presque jusqu'à la fureur, pour savoir si l'on aurait un ministère tricolore ou noir, nerveux et colérique ou sanguin et flegmatique, un ministère Frère ou un ministère Dechamps.

Ne pourrait-on, maintenant que la lutte est terminée et la victoire incontestable, s'occuper quelque peu de la question de savoir si le peuple belge, qui, pendant cinq siècles, a représenté la liberté et la démocratie en Europe, et que la révolution de 1830 avait placé à la tête des peuples régénérés, va retomber maintenant, après trente ans d'immobilité et de réaction, à la queue des autres peuples, et du peuple prussien lui-même?

C'est pour m'en assurer que je viens tenter la publication des *lettres démocratiques*.

Et, dès l'abord, je dois rassurer ceux que ce titre pourrait effaroucher, et qui prendraient mes lettrss démocratiques pour des lettres républicaines.

J'aurais pu les appeler *Lettres libérales*, puisqu'il s'agit de la conquête de la première de toutes les libertés, la liberté de voter. Mais, dans ce chaos politique où nous vivons, en Belgique, tout se trouve confondu, les hommes, les choses, et même les mots. Les conservateurs sont devenus des réformateurs, les doctrinaires des libéraux, et les libéraux les partisans du pouvoir et de la centralisation, c'est-à-dire, sans qu'ils s'en doutent, les adversaires de la liberté. Comment s'entendre au milieu de ce tohu-bohu?

Il me faut donc maintenir mon titre de *Lettres démocratiques*. Mais la démocratie n'est pas tout à fait la république, ainsi qu'affectent de le croire nos roués politiques; et d'avance je prends l'engagement de ne pas dire un mot de la république ou de la monarchie dans mes publications.

Quel serait donc l'insensé qui pourrait venir parler de république, en pleine réaction européenne et dans le moment où les tronçons de la Sainte-Alliance s'agitent et se rapprochent pour enlacer et étouffer de nouveau les peuples?

Puis, s'il plaît à la Belgique d'avoir l'amour, le fanatisme même de la monarchie, que puis-je faire, si ce n'est me résigner et subir la loi de la majorité? L'isolement n'a rien d'effrayant pour moi. Depuis vingt ans je n'y suis que trop accoutumé.

Bien plus, les dissentiments politiques ne m'empêchent pas d'être juste, et le meilleur souhait que je puisse adresser à toutes les républiques présentes et futures, c'est qu'elles aient toujours des chefs investis d'autant d'influence et d'ascendant que le premier Roi des Belges.

XI

Le Suffrage universel

La question de la forme gouvernementale étant ainsi bien et définitivement écartée, on me permettra sans doute de traiter avec l'indépendance la plus complète, la question de la révision d'un article unique de la Constitution, l'art. 47. Et si, en conscience, je ne puis m'empêcher de réclamer la revision de la Constitution, ce n'est pas seulement pour lui donner la sanction nationale qui lui manque ; c'est parce que le Congrès, en fixant dans la Constitution le chiffre du *minimum* du cens électoral, a commis l'impardonnable faute d'enchaîner et d'immobiliser le progrès politique. Il s'agit d'en effacer un chiffre, voilà tout. Ce chiffre de 20 florins, qui n'a plus même aujourd'hui de cours légal en Belgique, porterait-il, par hasard, dans les flancs les destinées de la royauté, de la propriété et de la société ? Et suffirait-il de supprimer ce chiffre, presque factieux lui-même, pour voir apparaître l'anarchie, le despotisme, j'allais oublier le cléricalisme qui complète la triade des monstres qui doivent nous dévorer, entre eux.

Rien, au reste, ne s'oppose à ce que, dès demain, et sans modifier la Constitution, on ne fasse disparaître l'inique et immoral privilége de l'argent, en appliquant le suffrage universel aux élections communales.

J'en avait fait l'observation dans ma dernière brochure sur la réforme électorale ; MM. Lacroix et Fontainas viennent d'en faire la proposition au conseil communal de Bruxelles, et j'espère bien que leur exemple trouvera des imitateurs dans tous les conseils communaux du pays, partout du moins où existe encore une étincelle d'indépendance et de libéralisme.

Dans ce cercle étroit, on ne pourra plus nous opposer le danger de modifier la Constitution ni évoquer l'hydre aux trois têtes, et tous les monstres dont on nous menace, à chaque pas que nous voulons faire en avant. D'ailleurs, nos sauveurs ne sont-ils pas là, armés du glaive exterminateur de la prérogative royale, pour pourfendre tous les monstres de la terre et de l'enfer ?

La commune, suivant une heureuse expression,

serait l'école primaire des citoyens, et quand le peuple aurait prouvé, en traversant ce noviciat, qu'il peut exercer ses droits avec autant d'intelligence, d'indépendance et de désintéressement que nos privilégiés, — ce qui, en vérité, ne me paraît pas bien difficile en ce moment, — les préventions et les alarmes disparaîtraient, et c'est d'un consentement unanime qu'on appellerait enfin la Nation au légitime exercice de la souveraineté politique.

La question est plus urgente que ne le supposent généralement ces retardataires du libéralisme, qui nient aujourd'hui le mouvement des esprits, comme on niait jadis le mouvement de la terre.

Il ne faut pas s'y tromper, en effet : dans un pays d'origine révolutionnaire, et régi par le principe de la souveraineté nationale, il n'y a de gouvernement légitime que celui qui est fondé sur le consentement de la majorité des citoyens.

Il n'y a d'impôts légitimes que les impôts votés par ceux qui les payent ou par leurs représentants.

Il n'y a de service militaire obligatoire que celui qui est consenti par les familles qui ont à le subir ou leurs délégués.

L'impôt qui n'a pas ce caractère de légitimité

pourrait passer pour un attentat contre la propriété; et le service militaire, voté exclusivement par ceux qui s'en exemptent finirait par n'être plus lui-même qu'un attentat contre la liberté, et parfois contre la vie.

Que serait-ce donc si les 1,100,000 ou 1,200,000 Belges qu'on a déshérités de leurs droits politiques, s'associaient et s'organisaient pour repousser tous les impôts et principalement l'impôt du sang? que faire? En appeler à la force? Mais de quel côté, je le demande, se trouveraient le droit, le nombre et la force?

Et pour écarter ces dangers, prévenir les révolutions et les guerres civiles, étouffer les haines et les colères qui fermentent sourdement au sein des classes déshéritées, rattacher à la cause de l'ordre tant d'hommes hostiles à l'état social qui les repousse et les flétrit, et élever enfin sur des bases inébranlables cette nationalité, dont les bienfaits n'existent que pour les privilégiés politiques, que faut-il? Être juste et tenir sa parole : transformer des ilotes en citoyens, leur restituer la part de souveraineté qu'on a usurpée, et appeler tous les Belges à la jouissance du droit commun.

Que nous oppose-t-on? Un seul et unique argument, toujours le même, l'éternel argument des aristocraties : *l'ignorance des masses !*

« L'art d'abrutir les peuples, pour argumenter « ensuite de leur abrutissement en faveur du « despotisme, a été, jusqu'ici, toute la science « des gouvernements. »

C'est Mirabeau qui l'a dit ; et ce sont nos doctrinaires qui le prouvent.

Mais qu'ils se rassurent. Ces masses ignorantes s'éclairent : elles s'éclaireront, et même un peu plus rapidement, je suppose, que ne le désirent leurs bienveillants tuteurs. Et quand une fois les masses auront appris à penser et à se compter, quand elles auront acquis et la conscience de leurs droits et le sentiment de leurs forces.... ce jour-là, je vous le jure, les plus grands adversaires du suffrage universel en deviendront les plus chaleureux partisans.

Donc, malgré les clameurs et les colères de la Chambre de 1848, et la résistance désespérée des réactionnaires qui nous gouvernent, la démocratie fera le tour du monde, ET PASSERA PAR LA BELGIQUE.

Oui, l'égalité politique s'introduira en Belgique, comme elle s'est introduite aux États-Unis, en Suisse, en France, au Danemark, en Prusse, comme elle s'introduira dans le monde entier ; et toutes ces têtes orgueilleuses, qui croient avoir hérité du *droit divin* de gouverner et d'exploiter les peuples, devront se courber sous son niveau.

Toute la question est de savoir si le suffrage universel s'établira parmi nous régulièrement, pacifiquement, constitutionnellement, ou s'il nous arrivera à la suite des mystérieuses et redoutables éventualités, qui pèsent en ce moment sur l'Europe entière.

Si la loi du peuple, comme jadis celle de Moïse, sur le Sinaï, devait être promulguée en Belgique, au milieu des éclairs et du tonnerre, je ne pourrais m'empêcher de m'écrier avec douleur, au moment de déposer la plume : Malheur aux privilégiés ! et peut-être, hélas ! aussi, malheur au pays !

Mais c'est par de nobles exemples, d'encourageantes espérances, et non par de menaçants présages, que je veux finir.

Dès le début de la révolution française, en 89, dans la fameuse nuit du 4 août, la noblesse de France eut un mouvement magnifique. Dans un élan de patriotisme, elle déchira de ses mains ses parchemins, ses titres et ses priviléges séculaires.

Pourquoi donc notre aristocratie électorale, qui renferme dans son sein tant de lumières, de justice et d'aspirations libérales et populaires, n'aurait-elle pas aussi sa nuit du 4 août? Pourquoi ne déchirerait-elle pas aussi, elle-même, un privilége inique, dont elle ne jouit que depuis trente ans, et qui, trop souvent, doit lui peser sur la conscience comme un remords?

Je viens de parler de l'aristocratie française et de la nuit du 4 août 89; c'est la noblesse belge et la journée du 6 avril 1566 que j'aurai dû citer.

Qui pourrait l'avoir oublié, à Bruxelles surtout? Ce fut dans cette journée fameuse qu'on vit les chefs de la noblesse confédérée s'honorer de ce titre de *gueux*, qu'on leur avait jeté avec mépris, couvrir leur blason des tristes armoiries de la mendicité, porter fièrement la besace et l'écuelle, et faire, sur *le pain*, *le sel* et *la besace*, le serment de rester unis et de mourir pour la liberté et pour le peuple. Ils ont tenu leur serment et ils sont parvenus à briser le plus puissant despotisme qu'il y eût alors au monde.

Oh! oui, il est beau d'élever des statues à ces grands citoyens et à ces nobles martyrs! Mais ce qui vaudrait cent fois mieux, ce serait d'imiter leur courage, leur patriotisme, le sublime dévouement aux intérêts du peuple et de la liberté.

Il ne faut plus, aujourd'hui, pour prouver son amour de la liberté et de l'égalité, prendre l'écuelle et la besace, tirer le glaive, verser son sang sur le champ de bataille ou porter sa tête sur l'échafaud.

Il s'agit uniquement, pour notre aristocratie bourgeoise, d'abaisser une barrière, de rentrer dans les rangs du peuple, d'oublier un instant les inégalités de position et de fortune, de ne pas rougir au contact de la blouse du prolétaire, d'élever tous les Belges à la dignité de citoyens, et de laisser les votes d'un million d'hommes égaux et libres se mêler fraternellement dans la grande urne de la souveraineté nationale.

Après le Compromis des nobles, et le règne de la bourgeoisie, l'affranchissement du peuple !

Cet appel en faveur des classes déshéritées, je voudrais pouvoir le faire parvenir, non-seulement aux oreilles et aux yeux, mais jusqu'à la conscience et au cœur des hommes indépendants et justes de tous les partis. Il a été en quelque sorte l'idée fixe de ma carrière parlementaire ; et, dès 1845, dans la discussion sur l'organisation de l'armée, je l'avais adressé à mes collègues de la Chambre dans les termes suivants :

« Voulez-vous sincèrement que notre terri-

» toire soit inviolable et notre nationalité invin-
» cible? Au lieu de vous en reposer sur la puis-
» sance toujours douteuse de la force et des
» armes, adressez-vous au patriotisme, à ses
» aspirations, à son dévouement. Développez à
» la fois et les mœurs publiques et le sentiment
» de la nationalité. Faites aimer nos institutions
» et passionnez toutes les classes de la société
» pour nos libertés et nos droits. Protégez les
» intérêts matériels et exaltez, autant que pos-
» sible, les intérêts moraux qui sont le premier
» élément de la grandeur des peuples. Prévenez
» les mécontentements et les souffrances popu-
» laires; faites droit à toutes les réclamations
» légitimes ; répudiez enfin toutes vos pensées
» réactionnaires, et revenez à nos généreuses
» traditions de 1830. Inspirez-vous de l'esprit et
» des souvenirs de la démocratie ; élargissez, il
» en est temps, le cercle si étroit de la capacité
» électorale ; brisez successivement l'exclusion
» politique qui pèse encore sur les majorités, et
» que toutes les classes de la société soient
» aussi intéressées à la défense du territoire qu'à
» celle de nos institutions. Faites enfin que le
» peuple belge soit à la fois et le plus libre et le

» plus heureux des peuples. Et alors, ne crai-
» gnez rien. Reposez-vous sur la force, le cou-
» rage et le patriotisme de la Nation; elle se
» leverait comme un seul homme pour étouffer
» l'ennemi qui viendrait menacer notre indé-
» pendance et nos libertés! »

1er Octobre 1864.

TABLE DES MATIÈRES

—

Brux. — Imp. Ed. MAHEU, 18, r. d. Sables.

www.ingramcontent.com/pod-product-compliance
Ingram Content Group UK Ltd.
Pitfield, Milton Keynes, MK11 3LW, UK
UKHW020230220726
13923UKWH00002B/580